Emily Dickinson

EL SECRETO DE LA OROPÉNDOLA

Emily Dickinson

EL SECRETO DE LA OROPÉNDOLA
POEMAS DE AVES

Edición bilingüe

Ilustraciones de
Ester García

Traducción de
Abraham Gragera

Nørdicalibros

© De las ilustraciones: Ester García
© De la traducción: Abraham Gragera
© De esta edición: Nórdica Libros, S. L.
 Doctor Blanco Soler, 26 -28044 Madrid
 Tlf: (+34) 917 055 057
 info@nordicalibros.com
Primera edición: septiembre de 2024
ISBN: 978-84-10200-59-3
Depósito Legal: M-16948-2024
IBIC: DCF
Thema: DCF
Impreso en España / *Printed in Spain*
Gracel Asociados
Alcobendas (Madrid)

Diseño de colección y maquetación: Diego Moreno
Corrección ortotipográfica: Victoria Parra y Ana Patrón

Cualquier forma de reproducción, distribución, comunicación pública o transformación de esta obra solo puede ser realizada con la autorización de sus titulares, salvo excepción prevista por la ley. Diríjase a CEDRO (Centro Español de Derechos Reprográficos, www.cedro.org) si necesita fotocopiar o escanear algún fragmento de esta obra.

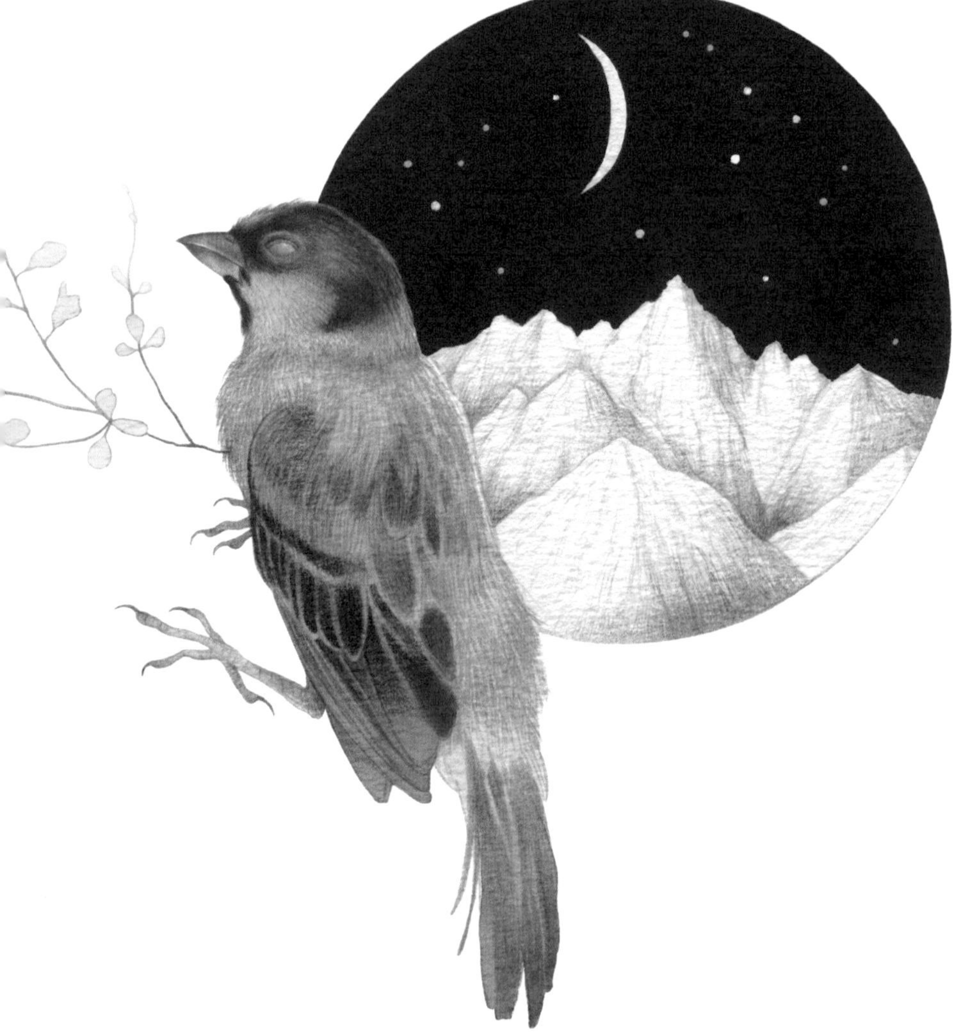

[EL SECRETO]

Cosas que vuelan, las hay —
Horas, aves, abejorros —
Pero que las lloren otros.

Cosas que arraigan, también —
Montes, pesares, lo eterno —
Mas no me incumben tampoco.

Lo que, al dormirse, florece.
Sí. Los cielos. Mas ¿podré?
¡Qué sigilo el del enigma!

¿Hay en tu pecho un arroyo
donde tímidas flores afloran,
y las aves, con rubor, acuden
a beber, entre trémulas sombras?

Nadie sabe —y por eso
fluye en paz— que un arroyo hay allí,
uno que da a diario de beber
el trago humilde de tu sed de vida.

Sal y búscalo pues, ese arroyuelo,
en marzo, con los ríos desbordantes,
cuando las nieves bajan de los montes
y arramblan, a menudo, con los puentes.

Y más tarde, cuando agosto
agoste las praderas, ¡cuida
de que no le haga el sol, en su cenit, lo mismo
a ese arroyuelo tuyo y de la vida!

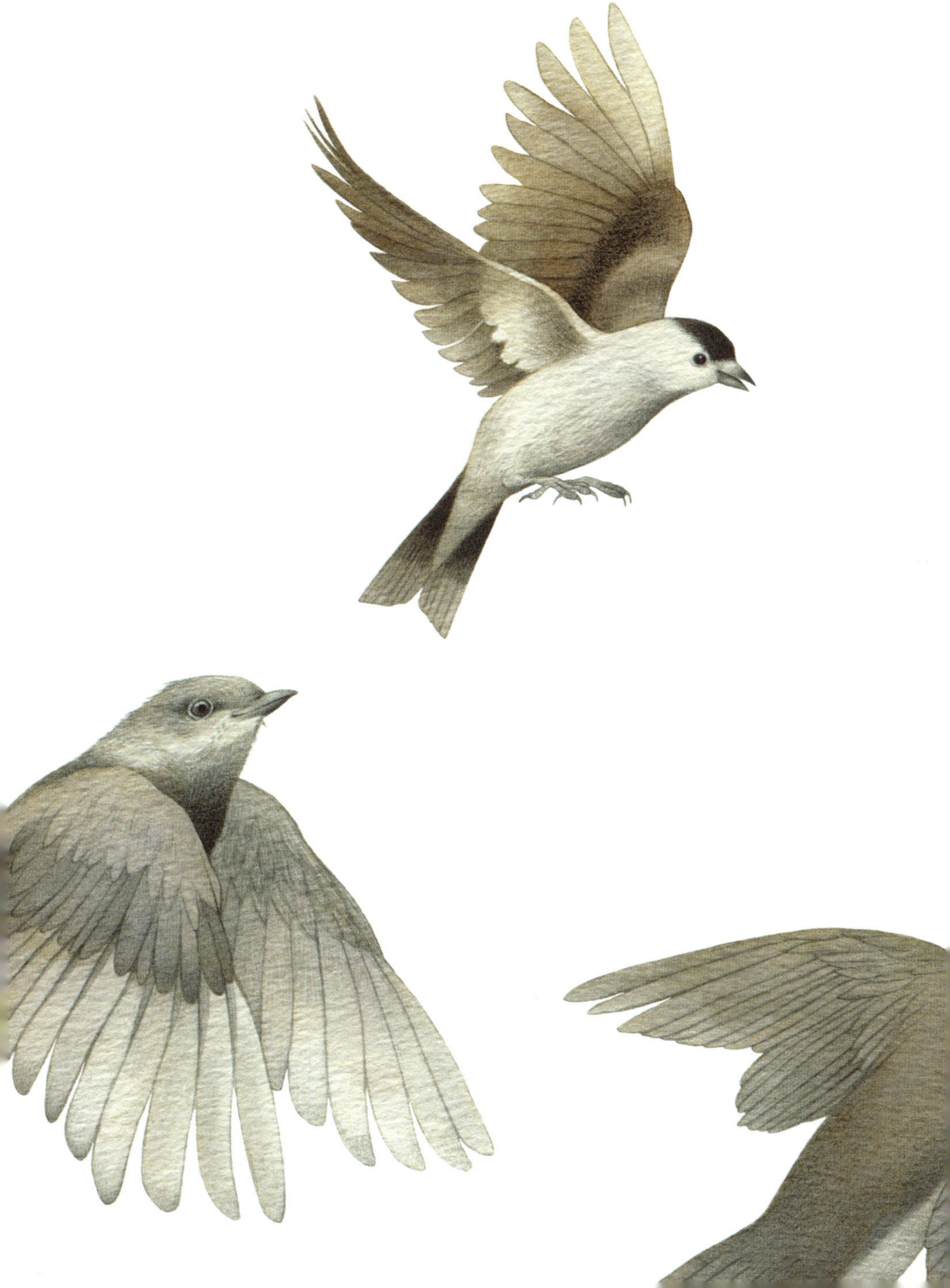

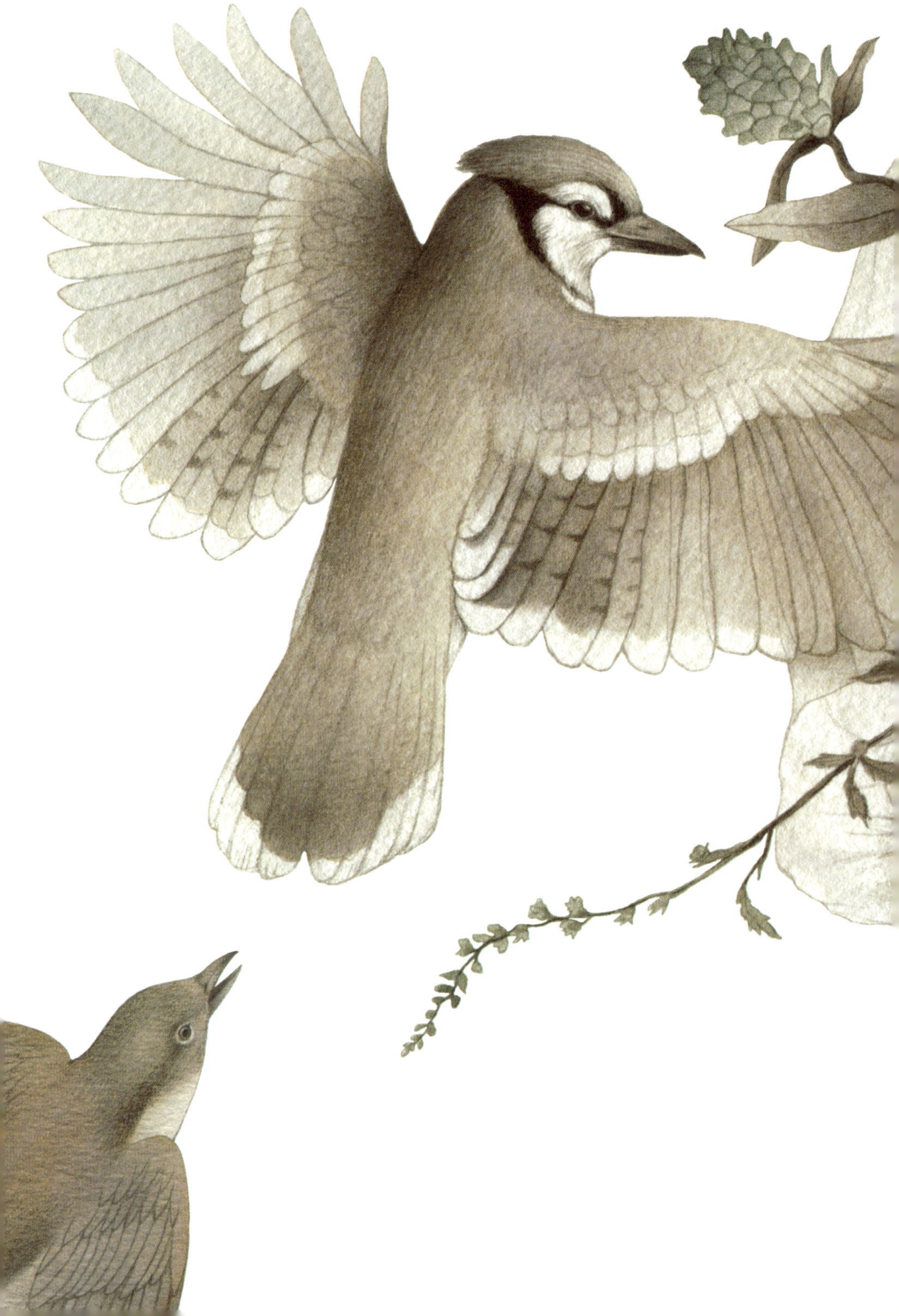

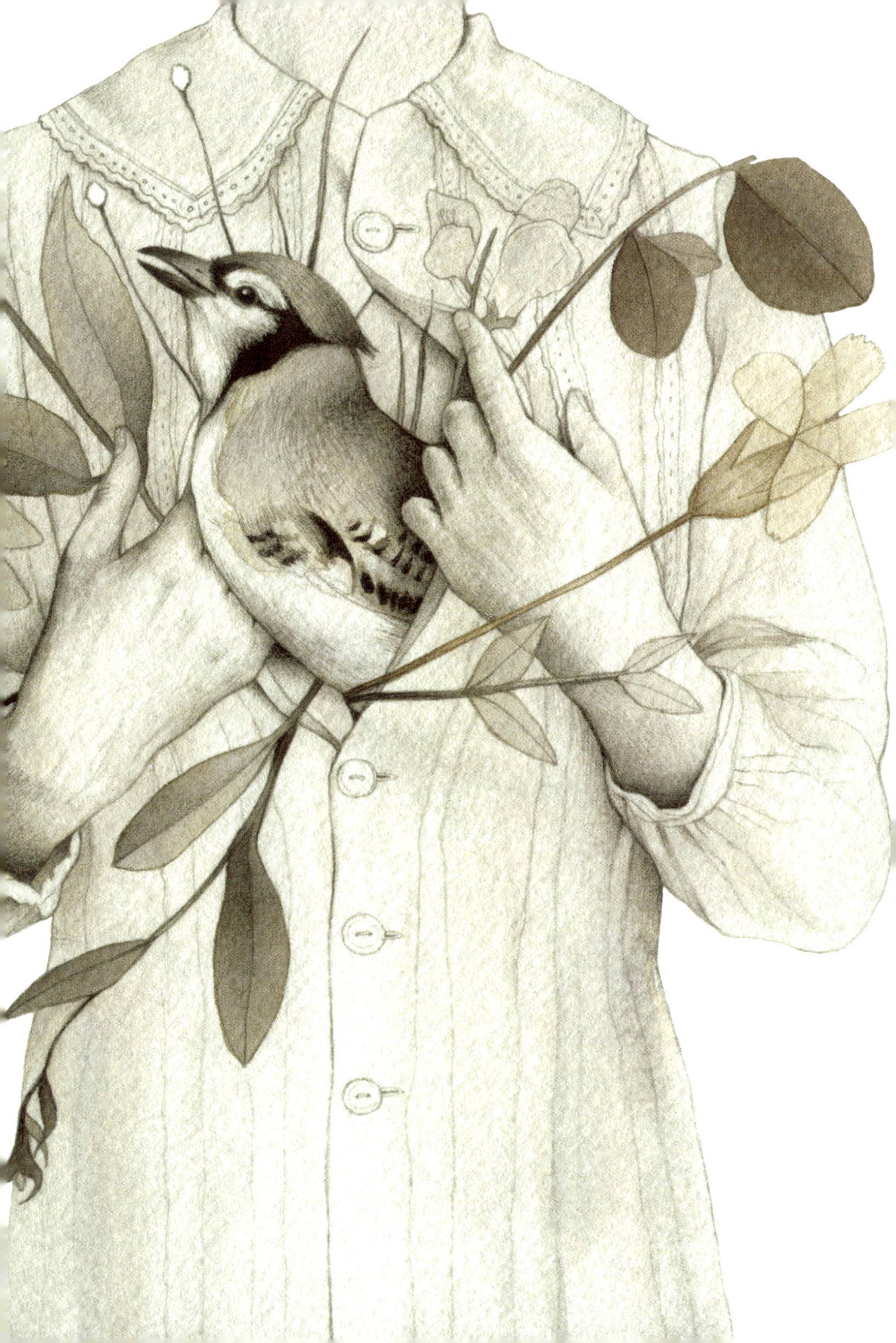

[TRASPLANTADA]

Si como una pequeña flor del Ártico,
con su falda polar con dobladillo,
que fuese en busca de otras latitudes
y se quedase atónita al plantar
su pie en los continentes del verano,
bajo la bóveda del sol,
entre flores extrañas y radiantes,
¡y pájaros hablando en otras lenguas!
Si como esta pequeña flor, me digo,
al Edén arribásemos, errantes —
¿Qué? Dime. Nada.
¡Solo tu presunción sobre el lugar!

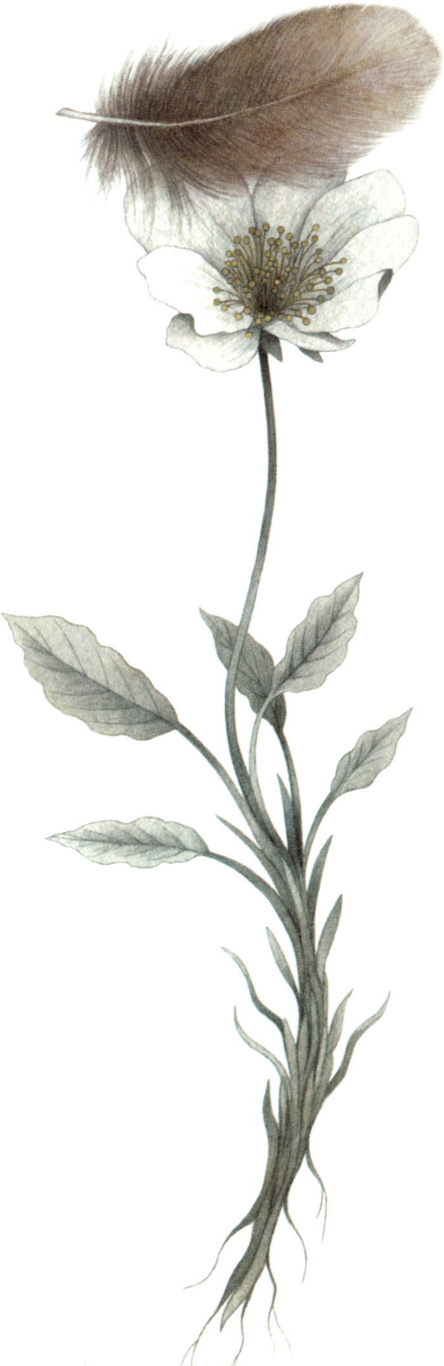

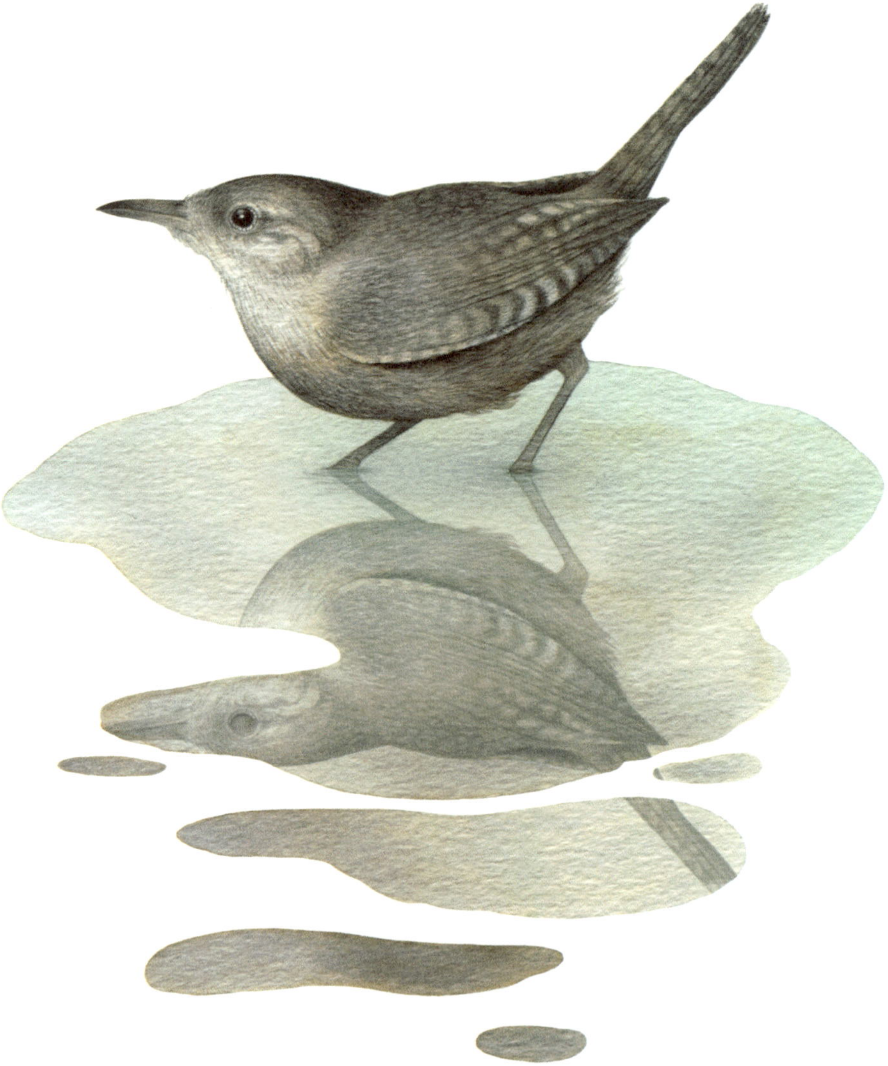

[CHAPARRÓN ESTIVAL]

Una gota cayó sobre el manzano,
otra en el techo de la casa; seis
rozaron con sus labios los aleros,
y hasta hicieron reír a los hastiales.

Un puñado al arroyo socorría,
que iba corriendo a socorrer al mar.
Yo barruntaba: ¡Oh, si fueran perlas!
¡Qué collares podríanse engarzar!

El sol lanzaba su sombrero al vuelo,
los pájaros cantaban, exultantes,
los árboles fulgían en los huertos
y el polvo en los caminos de las cuestas

volvíase a posar. Las brisas en ventura
bañaban sus laúdes pesarosos.
Izó el oriente entonces su bandera
y puso fin a tanto festival.

[SALMO DEL DÍA]

Hay en los días de verano,
en el lento expirar de sus antorchas,
un no sé qué que me enaltece.

Hay en sus mediodías algo —
en su insondable azul, una callada
música más allá de todo allende.

Hay en las noches de verano
algo también, tan luminoso
que no sé no aplaudir cuando aparece.

Mi afán escrutador oculto entonces,
no sea que una gracia tan radiante,
y tan sutil, de mí se aleje.

Los dedos que me hechizan no descansan.
Su lecho angosto el manantial purpúreo
que corre bajo el pecho está raspando.

Oriente aún enarbola su bandera
y el sol conduce aún su caravana
de grana por los cerros.

Como flores que saben del rocío,
mas no esperaron nunca
lucir sus gotas en sus pobres frentes;

o abejas que pensaban del verano
que era solo un rumor, habladurías,
una quimera, un desvarío;

o criaturas del círculo polar
turbadas vagamente por el trópico
que algún ave viajera trajo al bosque,

el oído recibe las señales diáfanas
del viento, para que lo anodino y puritano
se torne acogedor, dichoso, antes

de que lo imprevisible ocurra:
venga el cielo a las vidas que juzgaban
tal modo de alabar irreverente.

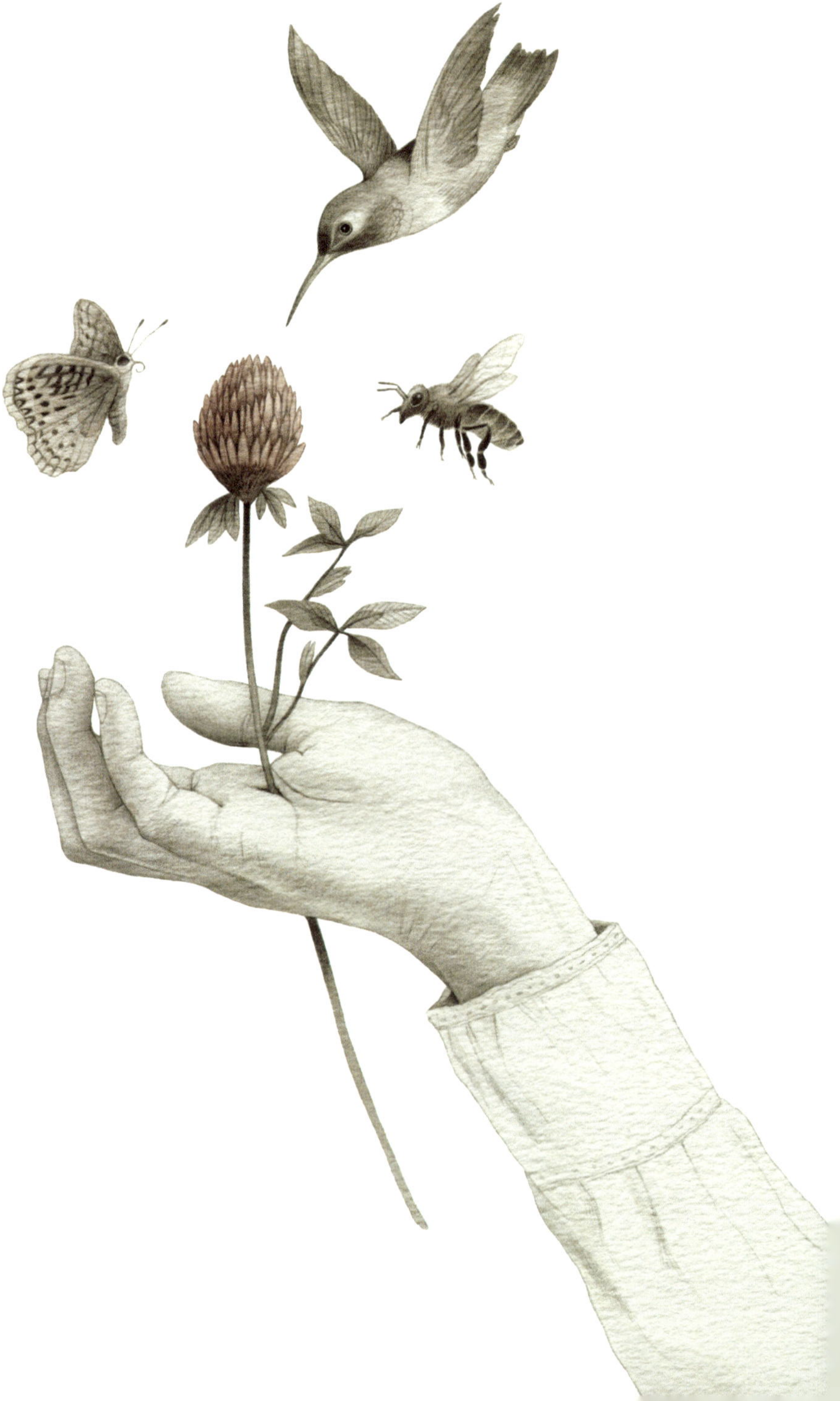

[TRÉBOL MORADO]

Hay una flor que las abejas aman
y ansían las mariposas;
también los colibríes, que se afanan
en ganarse su púrpura demócrata.

A ella la extracción
social de los insectos no le importa;
cada uno liba de su néctar
cuanto puede extraer, cuanto le colma.

Su rostro es más redondo que la luna,
más rubicundo que el traje de gala
de la orquídea en los pastos,
y que el del rododendro.

No necesita a junio, no lo aguarda;
antes que todo reverdezca,
ves su carita, su aire recio,
contra el viento que arrecia,

litigar con los pastos,
sus parientes de sangre,
por el sol y el solar, y por la vida:
¡qué tiernos querellantes!

Y cuando las colinas se repueblan,
y nuevas modas brotan,
no la verás dejar de ser quien es;
los celos no la azoran.

Su público es el mediodía,
su providencia el sol;
con soberana y firme melodía
pregonan las abejas su vigor.

La última en rendirse siempre,
la más osada de las anfitrionas,
la que nunca se da por aludida,
ni cuando las heladas la revocan.

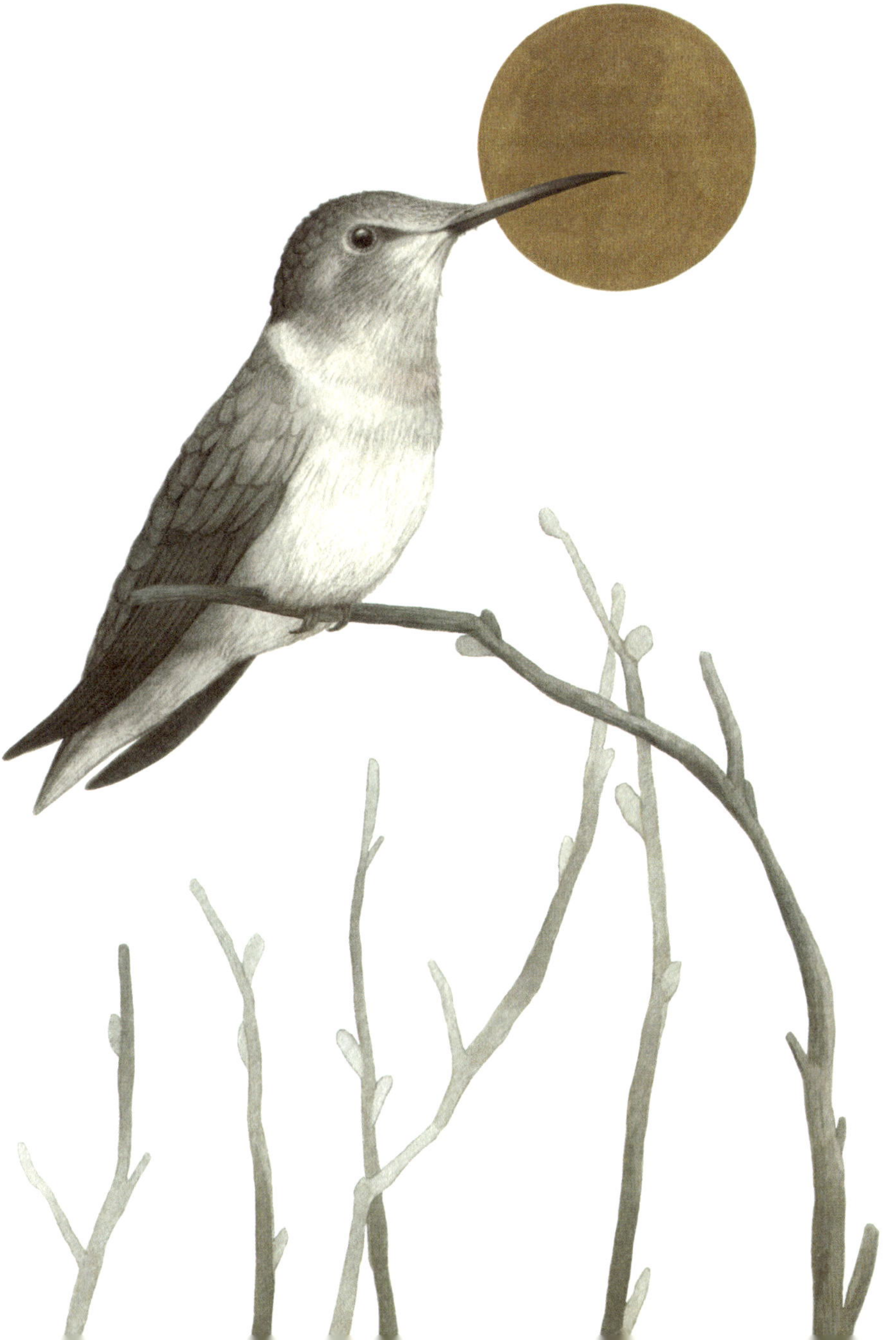

[DOS MUNDOS]

Allende, al otro lado, no es distinto,
lucen igual las estaciones,
brotan de las mañanas mediodías
y de sus vainas rotas, los fulgores.

Los arroyos presumen, incansables,
y se encienden, en las florestas, flores;
ningún mirlo ahogará su algarabía
para rendirle a algún Calvario honores.

Para la abeja, juicio y auto
de fe no significan nada;
tener que separarse de su rosa,
eso sí es, para ella, una desgracia.

[EL VIENTO]

De todo lo que se oye por ahí fuera,
nada me atañe tanto
como ese inmemorial rumor de hojas,
esa canción sin letra

que el viento entre las ramas,
como una mano que atusase,
estremecida, el cielo con sus dedos,
para los dioses canta, para mí.

Ansiosa imploro, cuando revolotean
los vientos en tropel,
cuando repican, y les brindan
los pájaros su orquesta,

que la gracia estival de aquellas ramas
se vierta sobre aquel que nunca oyó tal canto
—si es que en el mundo hay alguien tan sin patria—
crecer, majestuoso, entre los árboles,

como si hubiera roto filas
en los desiertos celestiales
alguna caravana de sonido
que luego se hilvanara y desfilase
en una comitiva sin costuras.

[VERANILLO DE SAN MARTÍN]

Esta es la temporada en la que vuelven
los pájaros, muy pocos, uno o dos,
a echar la vista atrás.

Esta es la temporada en que reaviva
el cielo los pasados artificios
de junio: error de oro y azul.

¡Oh, fraude que no logras que la abeja
pique, pero tan convincente
que me haces, ay, casi creer

—aunque una hojita tímida se meza
en el aire alterado, suavemente—
porque hasta las semillas dan a luz!

¡Oh, sacramento del verano,
postrera comunión en la neblina,
acoge a una criatura más;

deja que pruebe tus sagrados símbolos,
que moje tu hostia consagrada
en tu vino inmortal!

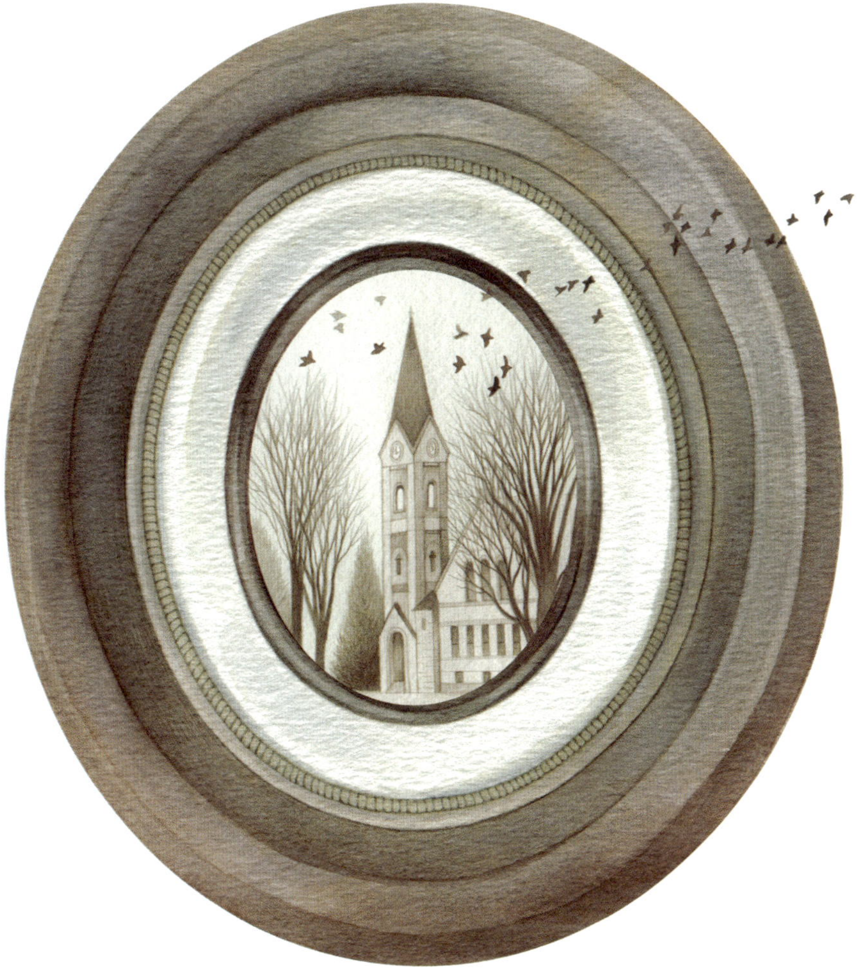

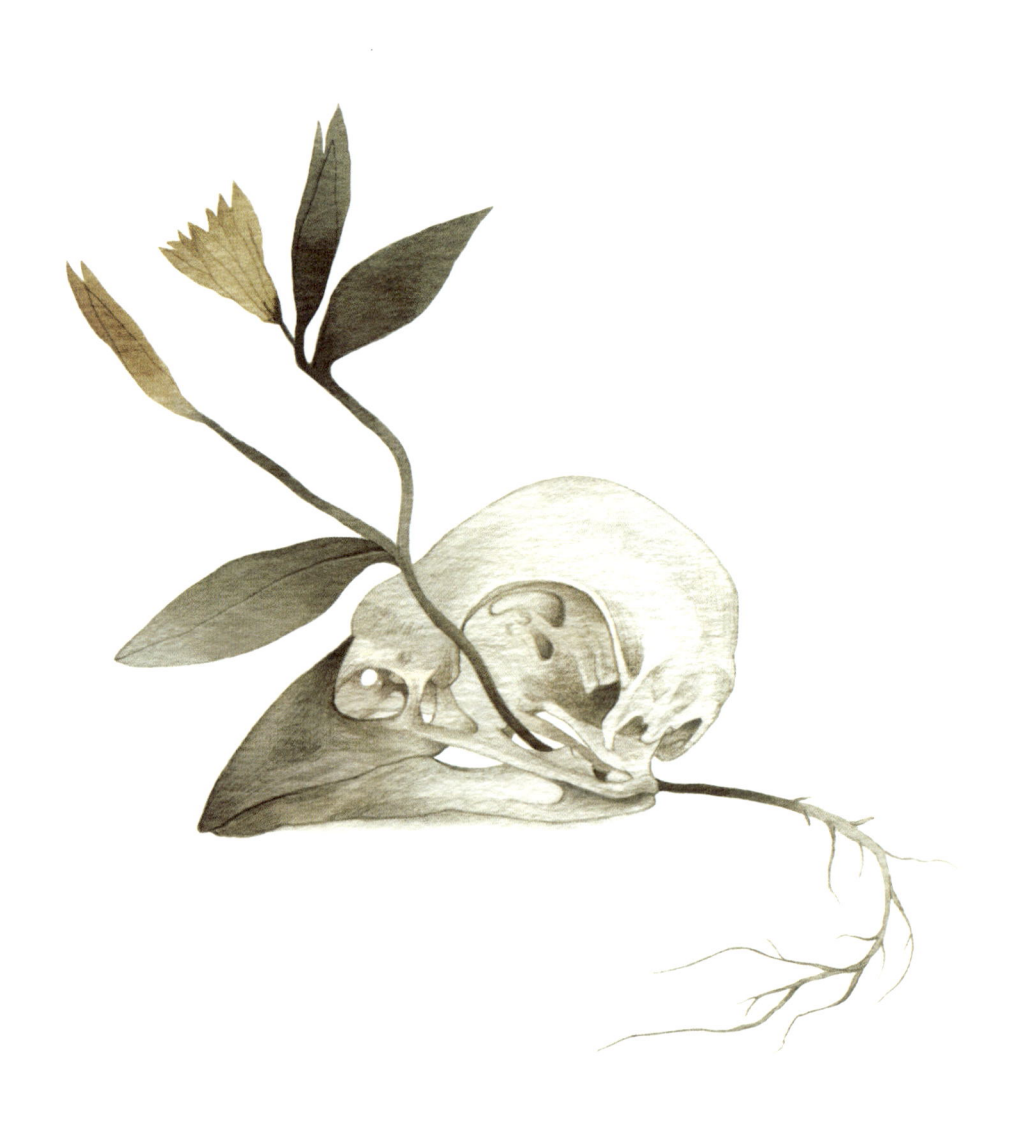

A salvo en sus estancias de alabastro,
ajenos al albor y al mediodía
—traviesa de satén, techo de piedra—
duermen los mansos miembros de la resurrección.

La luz en su fortín se ríe de la brisa;
balbucea la abeja en impávido oído;
silban dulces los pájaros en ignorada cadencia —
¡Cuánta sagacidad pereció aquí!

Vastos van por encima los años como luna
creciente, sus elipses los mundos ensanchando;
reman los firmamentos, caen tiaras y príncipes,
como copos de nieve, tan callando.

Tras la larga tormenta, el arcoíris;
en el alba tardía, el sol.
La nube, como un lánguido elefante,
horizontes, reacia, dispersó.

Las aves, en sus nidos, sonreían;
el vendaval, por fin, ya se alejó.
Los ojos, ¡qué confiados se veían
cuando el verano en ellos se posó!

La muerte, su quietud, su indiferencia,
ninguna aurora puede perturbarla.
A las sílabas lentas del arcángel
les toca despertarla.

To see the Summer
Sky
Is Poetry, though
never in a Book
it lie —
True Poems flee.

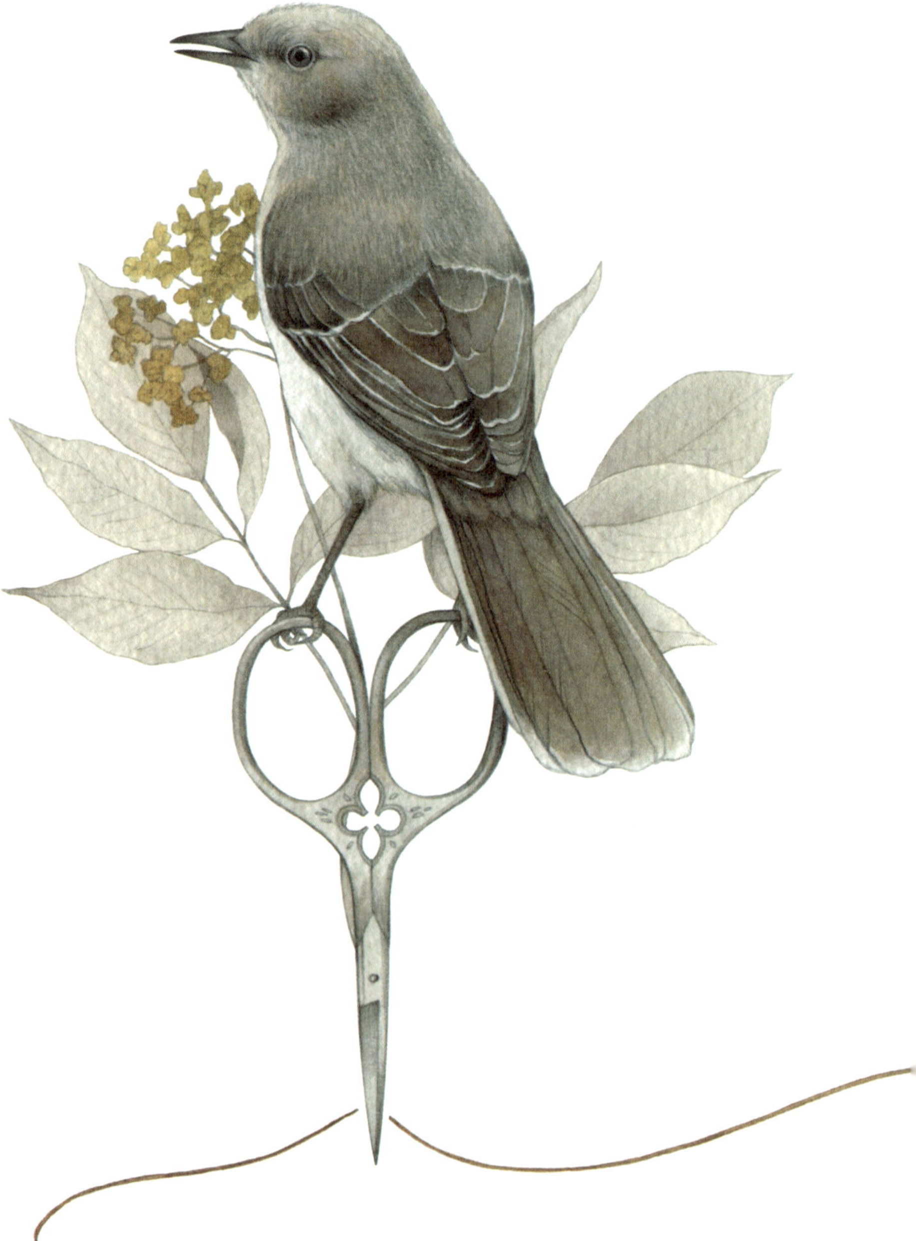

Un séquito cruzaba el cementerio,
un pájaro arrancó a cantar,
y trinó, tremolando, estremeciendo,
hasta que todo allí empezó a trinar.

Y él adaptó su partitura al resto,
y saludó y volvió a empezar.
Aquel le parecía, sin duda, el mejor modo
de despedir a aquellos que se van.

[LA ESPERANZA]

Esa cosa con plumas
que se posa en el alma,
que musita canciones sin palabras
y nunca, nunca deja de cantar —

Furiosa, muy furiosa, ha de rugir
la tormenta para desconcertar
a esa voz aún más dulce en la ventisca —
pajarillo que aliento a tantos da.

En la tierra más yerma y más helada,
en el mar más extraño, la he oído;
y nunca ni el más mínimo consuelo,
ni en la inclemencia extrema, me ha pedido.

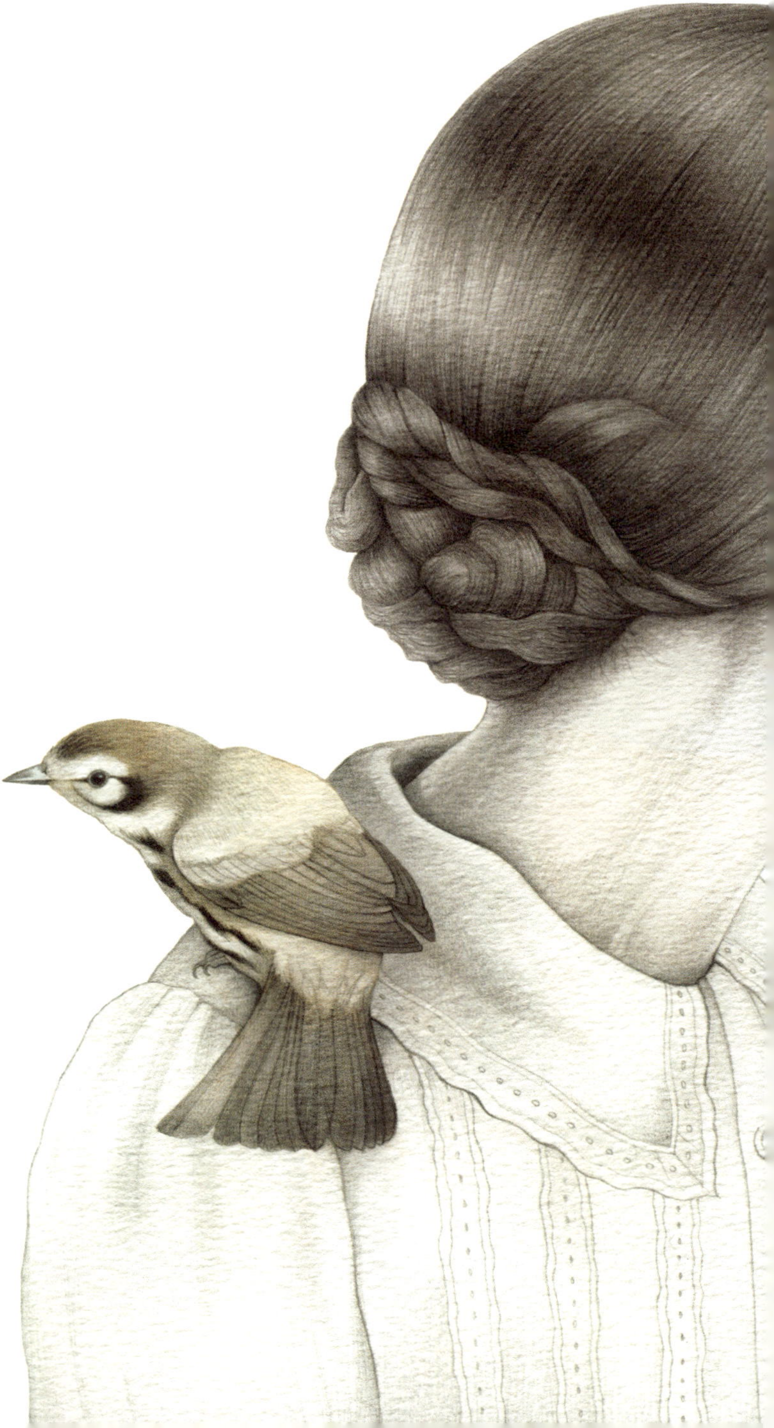

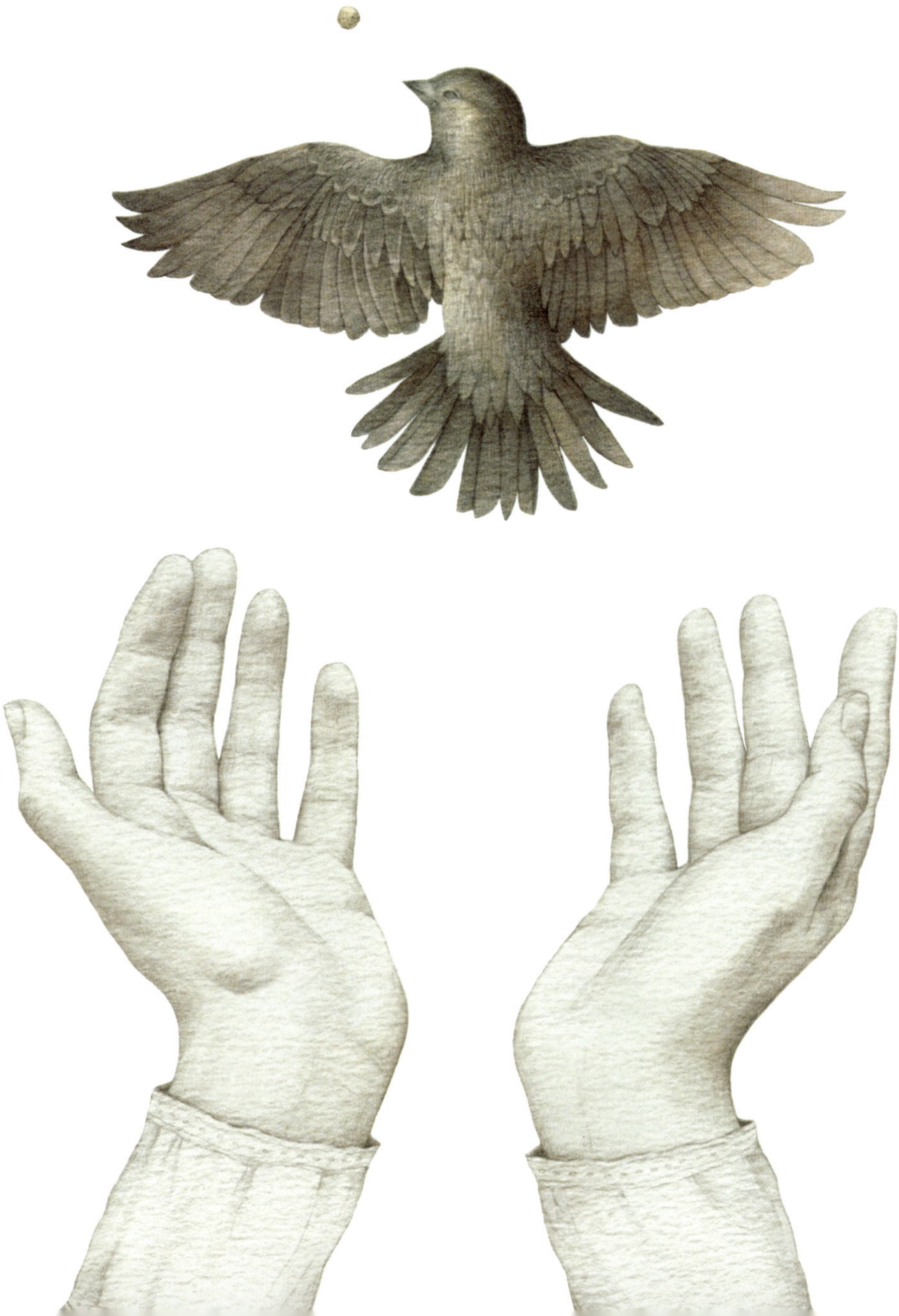

[SUFICIENTE]

Dios dio una hogaza a cada pájaro,
a mí solo una miga;
no me atrevo a comérmela, por más hambre que pase —
Poseerla, amasarla, confirmar el milagro
de tenerla conmigo:
¡Qué ternura de lujo!
Mi suerte de gorrión me colma tanto —
Para qué más codicia.

Ya puede haber hambruna en todas partes,
que no me ha de faltar una migaja.
¡Qué plenitud la de mi mesa!
¡Qué provisión en mi granero!
Me pregunto qué sentirán los ricos —
Un indiano — un conde —
Con solo una miguita me parece
que soberana soy de todos ellos.

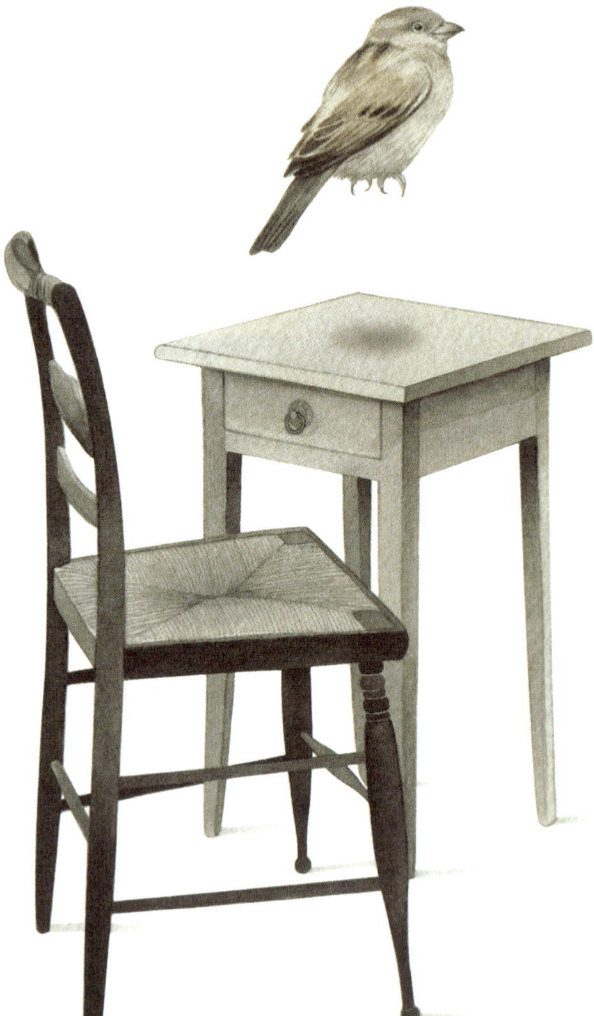

[VISTA]

Antes de que me cierren estos ojos,
quisiera yo haber visto
como ven las criaturas que también tienen ojos
y otra forma de ver no conocen.

Pero si me dijeran que hoy
tener podría el cielo para mí,
mi corazón, créeme, se quebraría —
tan pequeño es mi pecho.

Praderas y montañas,
bosques y astros incontables,
y todo el mediodía que cupiese
en mis ojos finitos — ¡para mí! —

La forma en que los pájaros se lanzan
al agua y el camino sinuoso del relámpago —
¡Para mí! ¡Para que los mirase yo
cuanto quisiese! Si me dijeran — ¡moriría!

Mejor es que se quede
mi alma en la ventana, imaginando
lo que ven las criaturas con sus ojos —
Con esos ojos suyos — que no temen al sol.

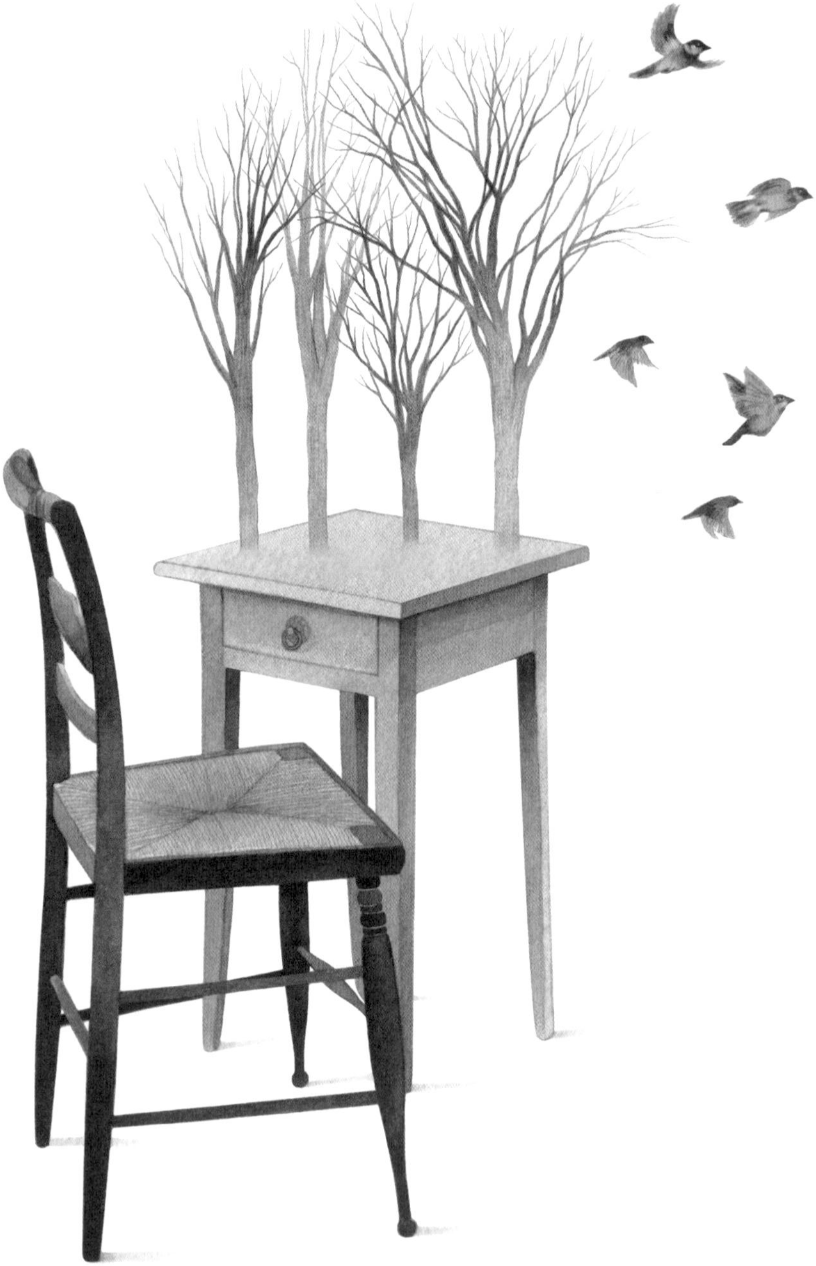

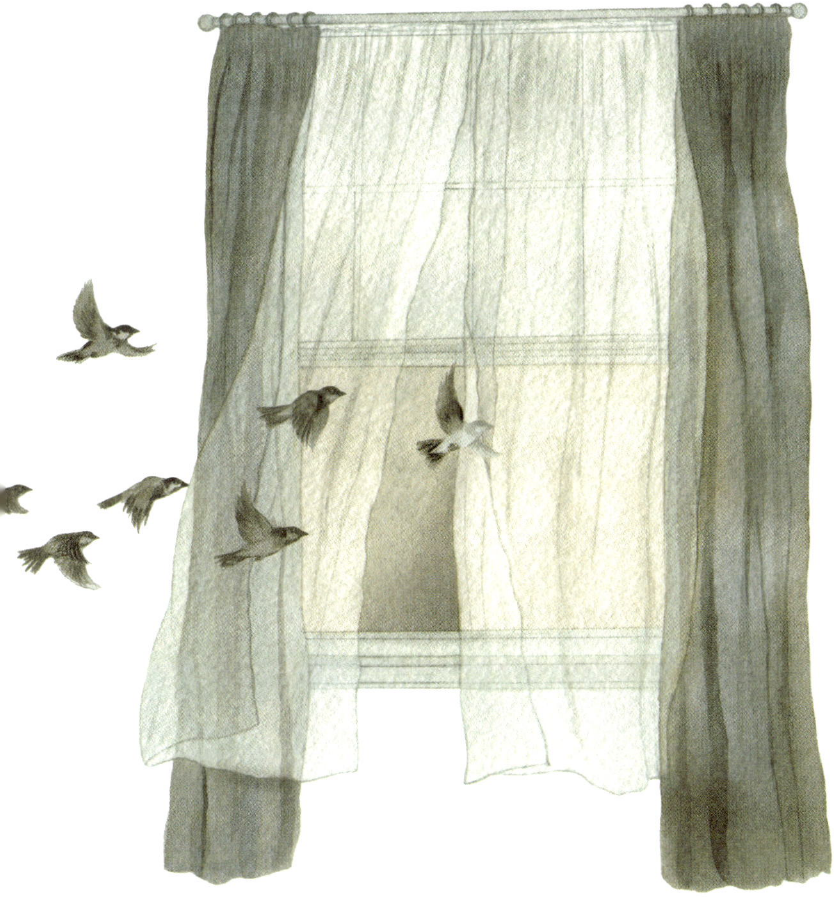

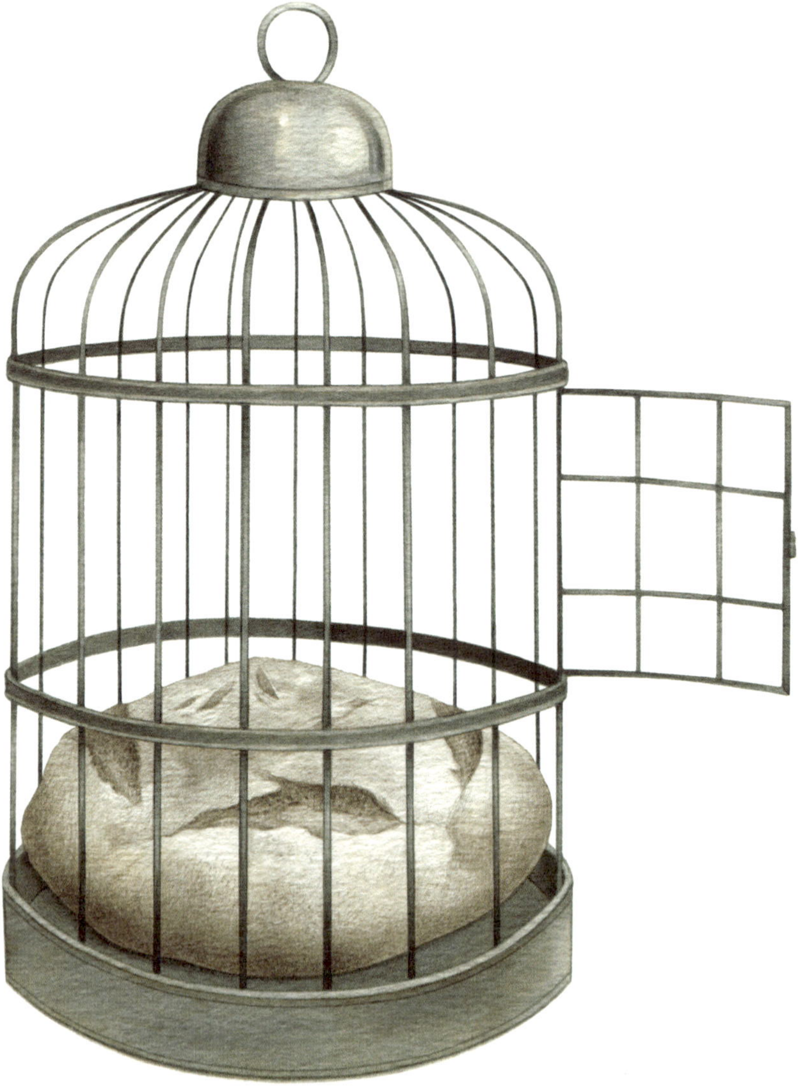

[HAMBRE]

Hambrienta me pasé años y años;
llegó mi Mediodía con manjares.
Temblorosa, me acerqué hasta la mesa
y toqué el raro vino.

Todo aquello lo había visto ya,
en otras mesas, al volver, con hambre,
sola, y mirar por las ventanas:
una fastuosidad que nunca sería mía.

Mas no reconocí la enorme hogaza,
tan diferente de las migas
que las aves y yo en el comedor
de la naturaleza compartíamos.

Tanta abundancia inesperada
me sentó mal, y enfermé — me sentía
como la baya de un arbusto
del monte trasplantado en un camino.

Se me quitó hasta el hambre; y entonces descubrí
que el hambre era un estado
propio de quienes miran desde fuera
por ventanas — y que, al entrar, se pierde.

[NATURALEZA]

La más dulce y paciente de las madres,
la que nunca se enfada con los críos,
ni con el díscolo, ni con el débil —
Su suave reprimenda

a la alocada ardilla
o al ave demasiado revoltosa,
la escucha el andariego
en bosques y colinas.

Qué hermosas e imparciales
sus charlas en las tardes
de verano — su prole, su asamblea;
y qué hermosa y ecuánime

su voz que aviva la plegaria humilde
del diminuto grillo
y de la más innoble de las flores
en la puesta de sol.

Cuando los niños y las niñas duermen
se retira lo justo
para encender sus lámparas.
Con infinito afecto entonces,

con un cuidado aún más infinito,
se inclina desde el cielo
y, con el índice en los labios, pide
que se guarde silencio aquí y allá.

[SIN AMANECER]

¿Habrá un amanecer?
¿Existe eso que se llama día?
Si fuera yo tan alta como el monte,
¿lo vería?

¿Tiene pies, como los nenúfares?
¿Plumas, como los pájaros?
¿Lo traen de célebres países
de los que nunca me han hablado?

¡Decidme, el docto, el navegante,
quien recibió del cielo su sapiencia!
¡Decidle, os ruego, a esta peregrinita
cómo es ese lugar, dónde se encuentra!

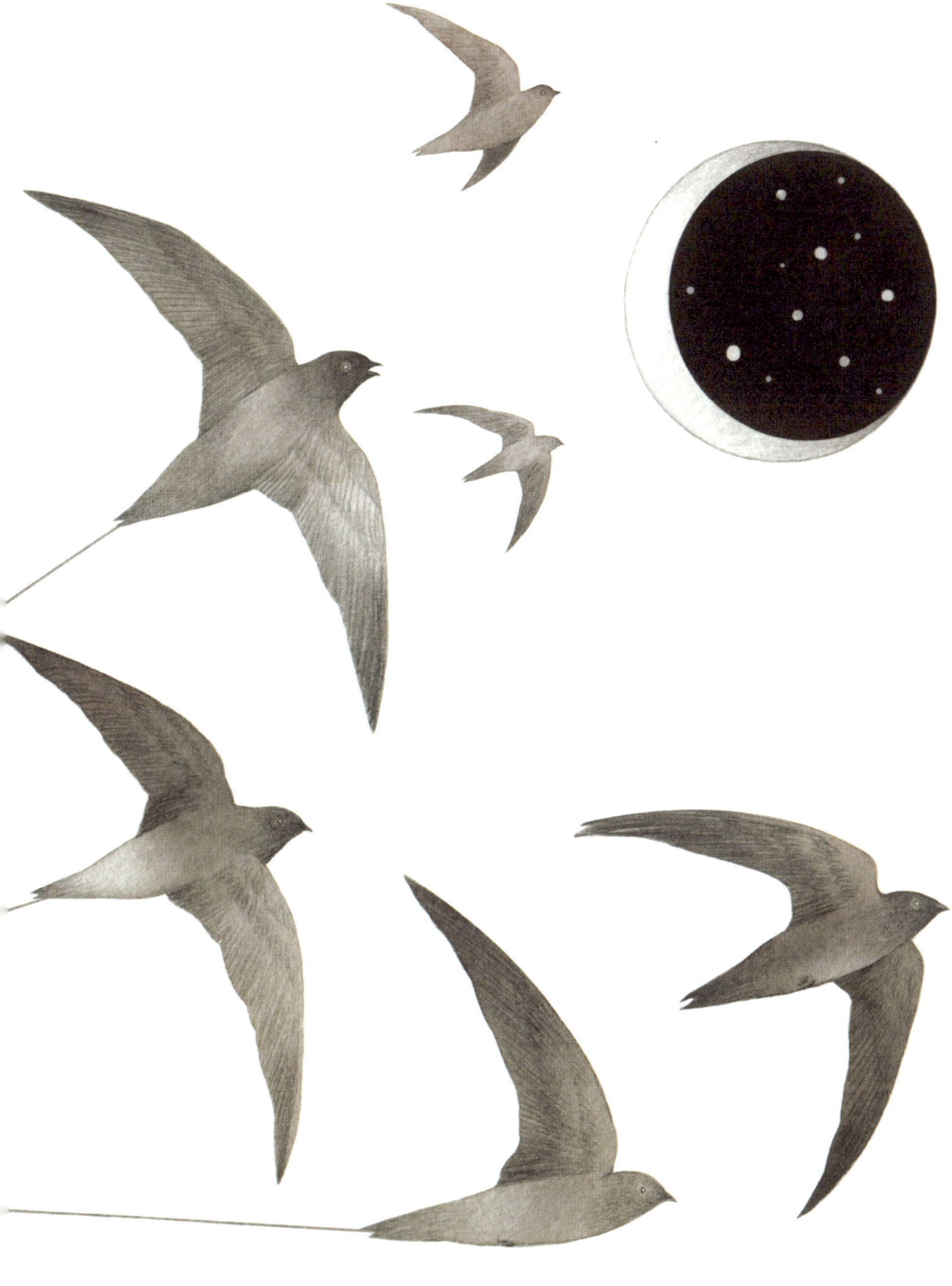

Las tres y media: un pájaro
propuso al cielo silente
fundirse con él y ser uno, una sola
canción velada y prudente.

Las cuatro y media: el experimento,
aquella alquimia, avanzaba;
se disolvieron los principios básicos;
¡se hizo la plata!

A las siete y media no se distinguían
ya elemento ni instrumento:
como el lugar, la presencia, y el círculo
vacío en el centro.

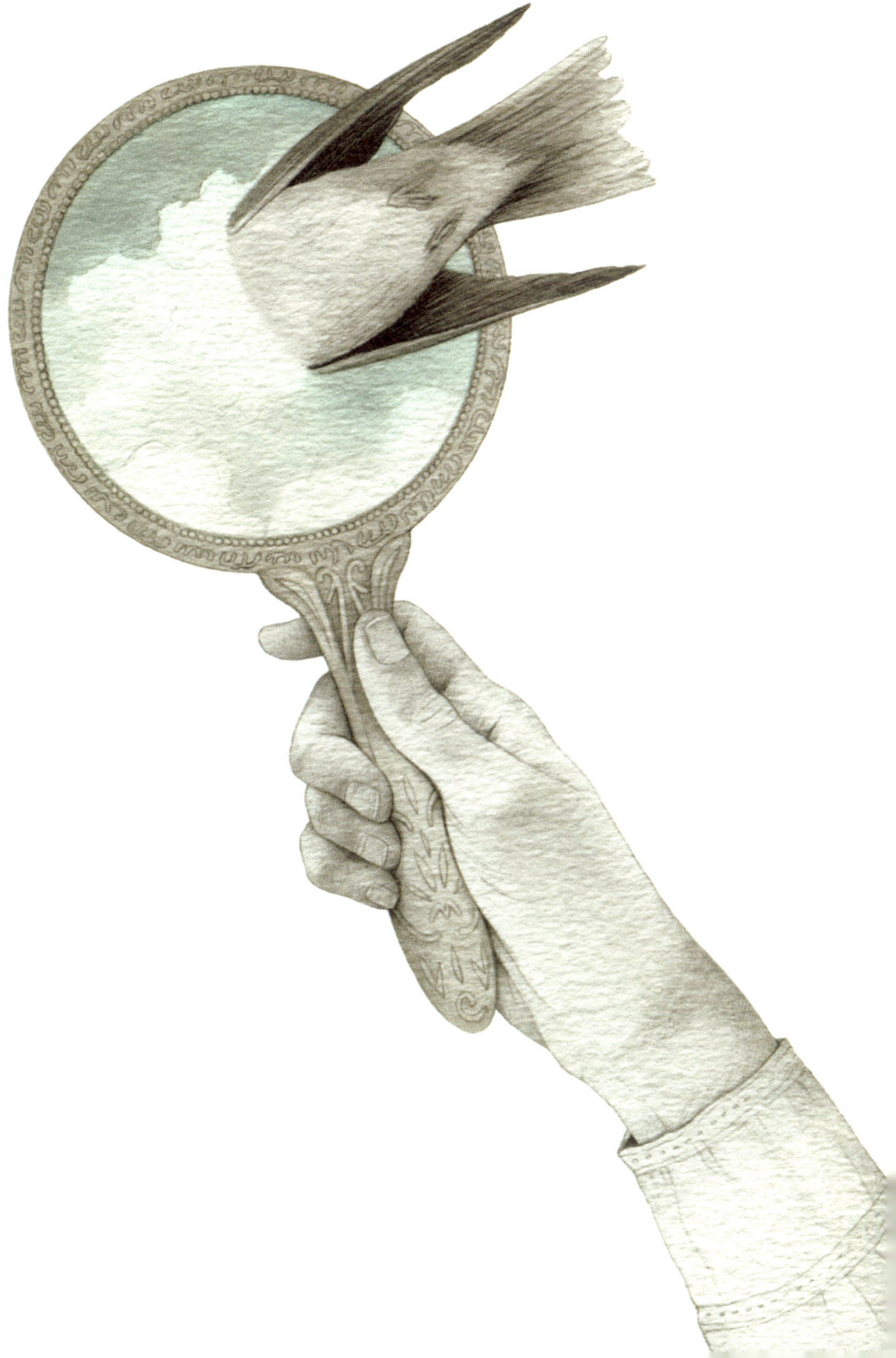

[EL GRAN SALÓN DEL DÍA]

Despacio, hasta las cinco, el día fue naciendo —
Se esparció entonces por las lomas,
como un embrollo de rubíes
o el brillo súbito de un mosquetón.

La nube malva, al este, perdió sus posiciones.
Se desplegó, agitándose, la aurora
igual que un abanico de topacio
que una dama cerró la noche antes.

Los vientos, jubilosos, tañían sus panderos.
Empezaron las aves a formar
en hileras perfectas, como tropas
alrededor de su príncipe (el de los vientos).

Como el Jardín Judío destellaba el huerto —
¡Qué poderosa sensación la mía,
la de haber sido invitada a este lugar espléndido,
a esta fiesta en el gran salón del día!

[EL AZULILLO]

Antes de que la primavera sea
algo más que una simple conjetura,
ves volar —Dios bendiga su premura—
a un amigo vestido de un azul
que no depende del azul del cielo;
un azul desleído en intemperies,
con vivas pinceladas
de añil y de marrón.

Con retales de un cántico
que parece exhibir, para que elijas,
a intervalos discretos,
se dirige con despreocupación
a un árbol prominente
sin una sola hoja y, cuando llega,
proclama su alegría para nadie —
¡excepto para el ángel que hay en él!

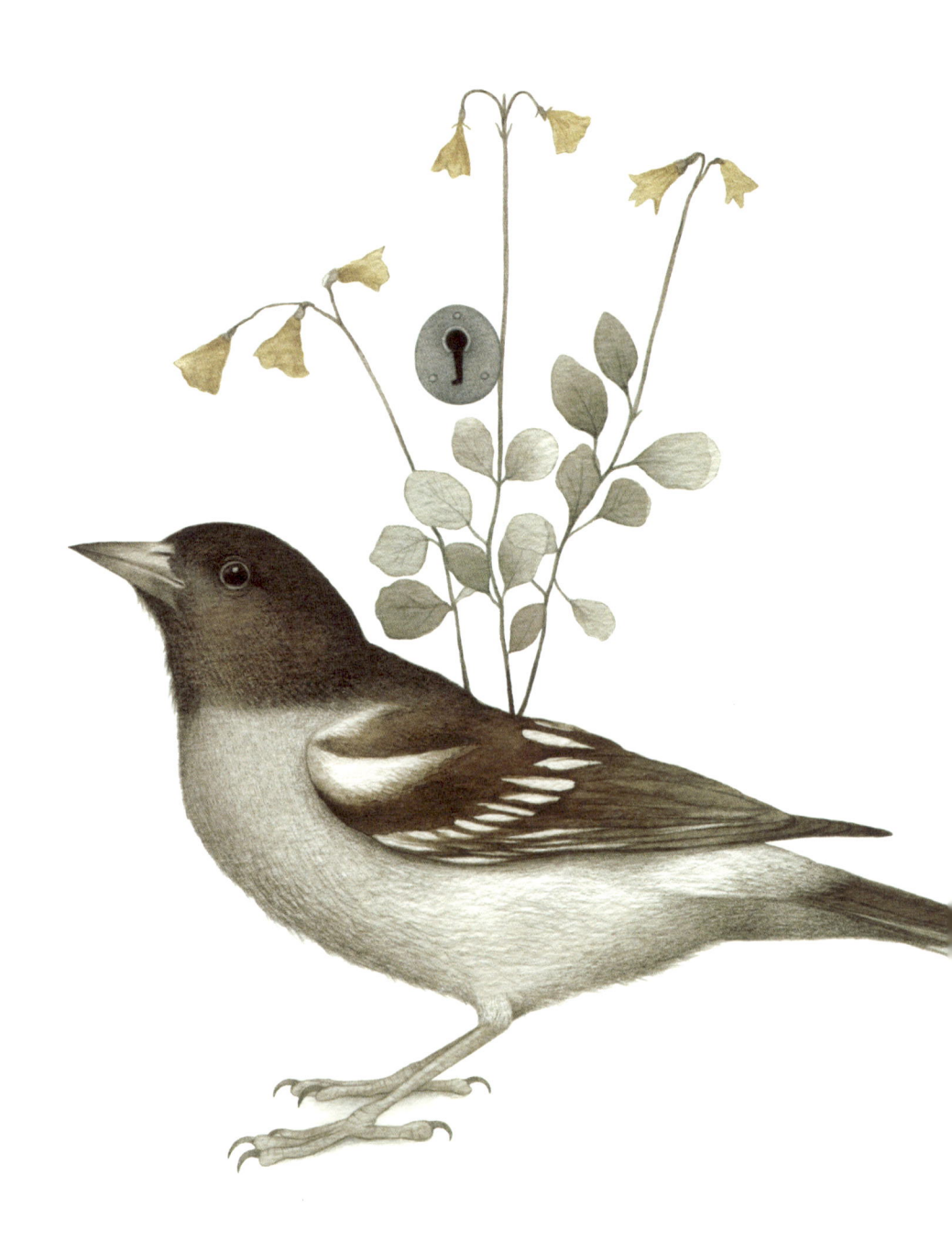

[EL SECRETO DE LA OROPÉNDOLA]

Oír de una oropéndola el cantar
puede ser algo muy normal,
o algo divino.

No depende del ave; su canción
siempre es la misma, con
o sin oyentes.

Y el oído se viste de cualquier
gala que oiga tañer,
clara u oscura.

Que sea sobrenatural
o nada mágico, depende, en fin,
de lo de dentro.

«De aquel árbol, de allí
viene el cantar», dice el incrédulo.
«¡No, señor, no! ¡De ti!».

[LA OROPÉNDOLA]

Entre los seres que Midas tocó
—tocarnos a todos no pudo—
estaba esa cándida espléndida,
esa beatífica de la oropéndola.

Pura ebriedad, por más que burla
burlando lo niegue, divina;
tan cegadora —posada—
parece una veta en la mina.

Una implorante —la muy tuna—.
Una epicúrea ladronzuela —
Un oratorio que de súbito
al éxtasis se eleva.

La jesuita de los huertos,
la embaucadora que encandila,
como fragancia, al derramar
sus huidizos anhelos.

El meteoro de las aves,
el fulgor y la gloria de Birmania
que desfila, como una procesión
de bardos y baladas.

Nunca creí en un Jasón en busca
de ningún vellocino de oro;
yo no soy más que un alma rústica
que ama la paz del alma, sobre todo.

Pero si alguna vez un Jasón hubo,
me dé la tradición consentimiento
para admirar, junto al manzano, y deleitarme
con su perdido emolumento.

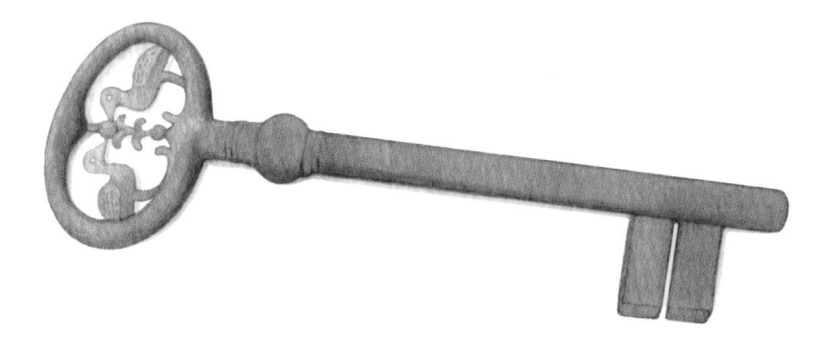

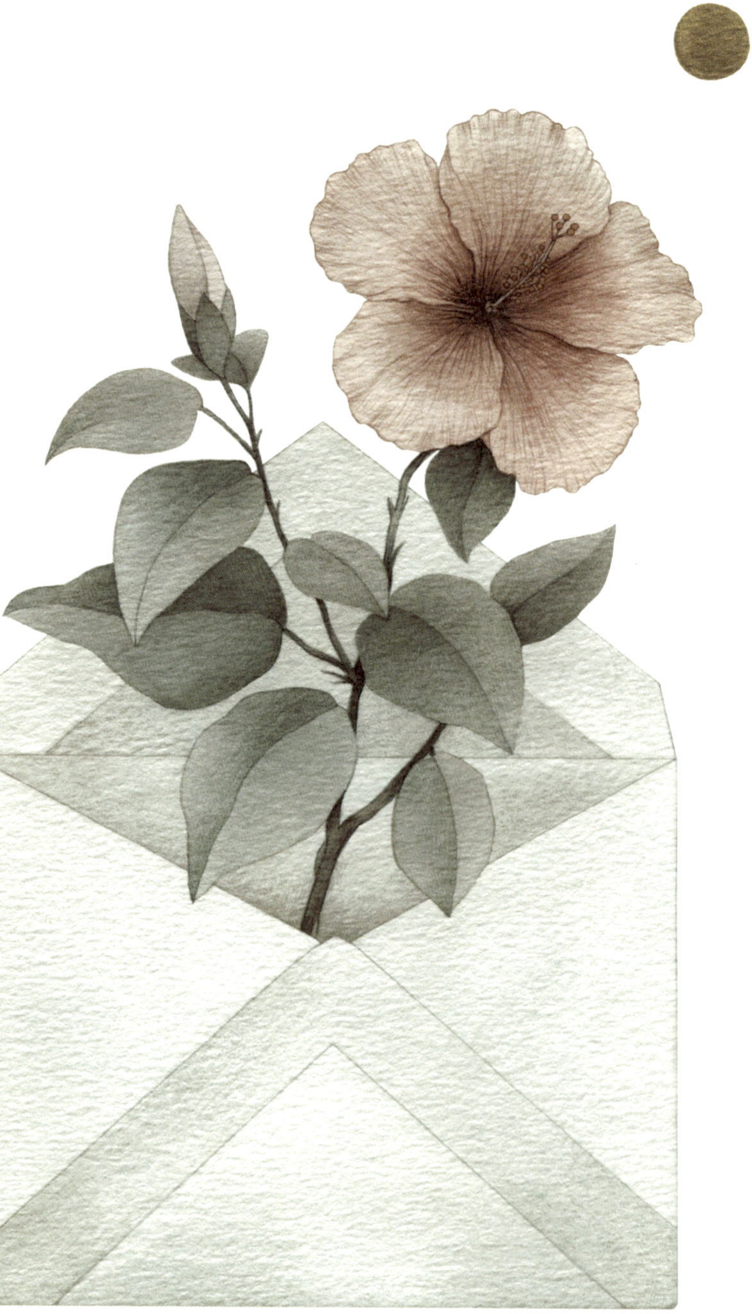

[EL COLIBRÍ]

Un camino evanescente
con el rodar de una rueda,
una reverberación
de esmeralda, un alud
de carmín; y cada flor
del arbusto, que despierta —
Es el correo, y de Túnez,
nada menos, tal vez, llega.

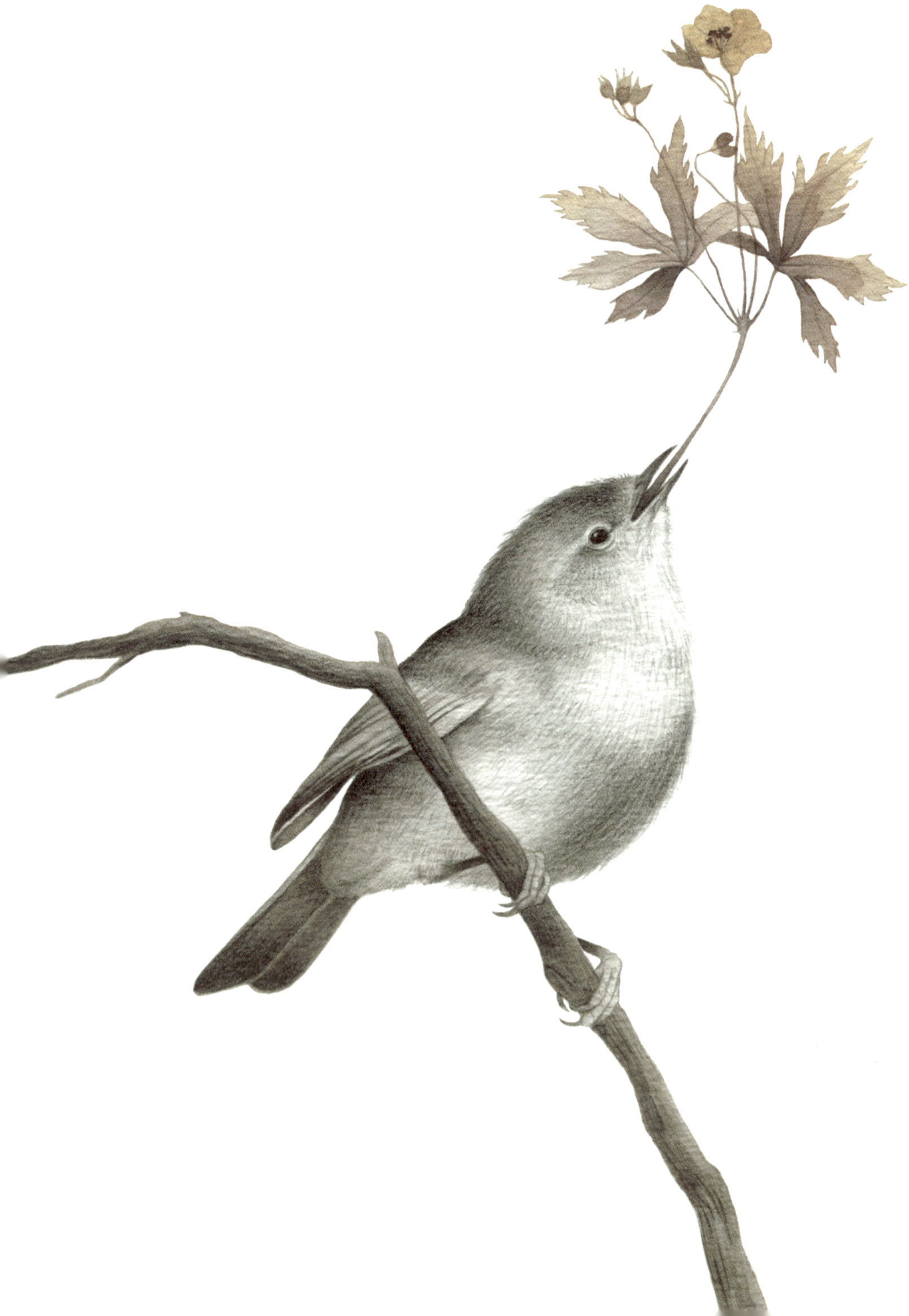

[SECRETOS]

¡Los cielos no se guardan su secreto!
¡A las colinas se lo cuentan —
que se lo cuentan a los huertos —
que a los narcisos a contarlo van corriendo!

Un pájaro que, por casualidad,
pasase por allí, oír todo podría.
Si al pajarillo sobornara yo,
¿no me lo contaría?

Mas no lo intentaré, mejor que no.
Mejor no saber nada.
Si el verano fuera un axioma,
la nieve, ¿no perdería su magia?

¡Así que guárdate bien tu secreto, Padre!
¡Que no quiero saber, aunque pudiera,
qué andan haciendo esos zafiros tuyos
por esta tierra tuya recién hecha!

[DOS TROTAMUNDOS]

Eran dos mariposas que, al sol del mediodía,
salieron y bailaron sobre un arroyo un vals,
y enfilaron, después, derechas, a los cielos,
y en un rayo de luz se fueron a posar,

antes de aventurarse, siempre juntas,
sobre las olas de un radiante mar —
Ningún puerto ha notificado aún
su entrada; no las vio nadie arribar.

Si un pájaro lejano dijo algo,
si en las etéreas olas se cruzó
con ellas un mercante, una fragata,
a mis oídos no ha llegado.

[TEMPESTAD]

Una tormenta horrible resquebrajó el aire,
entre nubes raquíticas y tétricas;
una negrura, como el manto de un espectro,
cubrió los cielos y la tierra.

Las criaturas, alborotadas,
chillaron sobre los tejados;
agitaron sus puños, rechinaron sus dientes,
batieron su pelaje enajenado.

Y los ojos del monstruo se esfumaron después
lentamente y volvieron a su orilla natal.
Y el alba se encendió de alas de pájaros.
¡Y Paraíso fue aquella paz!

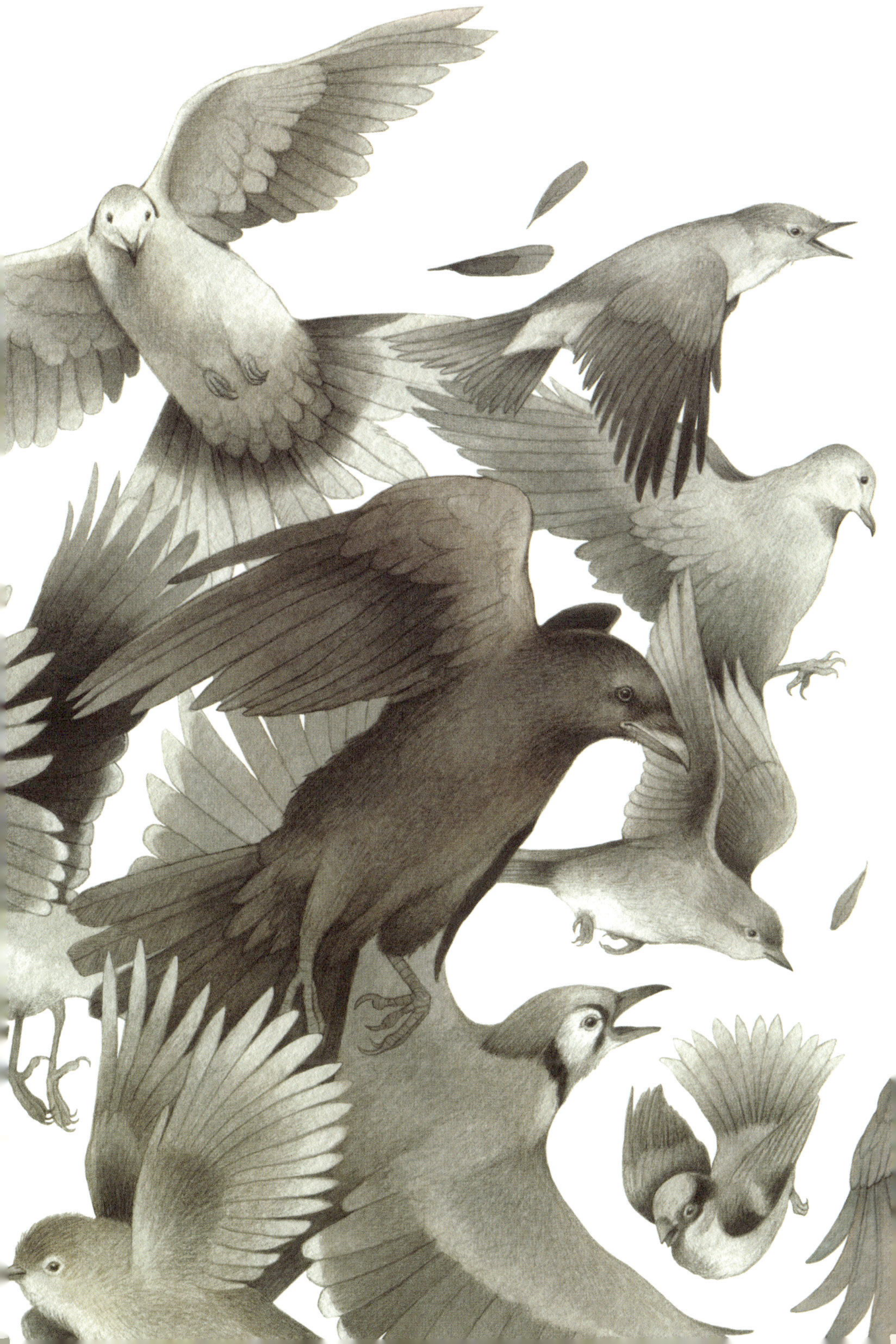

[EN EL JARDÍN]

Un pájaro bajó al camino
sin percatarse de que lo observaba;
partió un gusano en dos,
se lo comió de una sentada.

Después bebió el rocío
de la hierba que tuvo más a mano,
y a la tapia brincó para dejar pasar a un
escarabajo.

Con ojos vivos, que miraban
a todas partes con presteza
—parecen cuentecillas asustadas,
pensé—, sacudió el terciopelo de su cabeza.

Como el que está en peligro, cautamente,
una migaja le ofrecí,
y él desplegó sus rémiges,
y remó con sus alas de organdí

—más suaves que los remos en las olas—
veloz, rumbo a su casa, sin estela;
como las mariposas que, sin salpicar, surcan
el mar del Mediodía a toda vela.

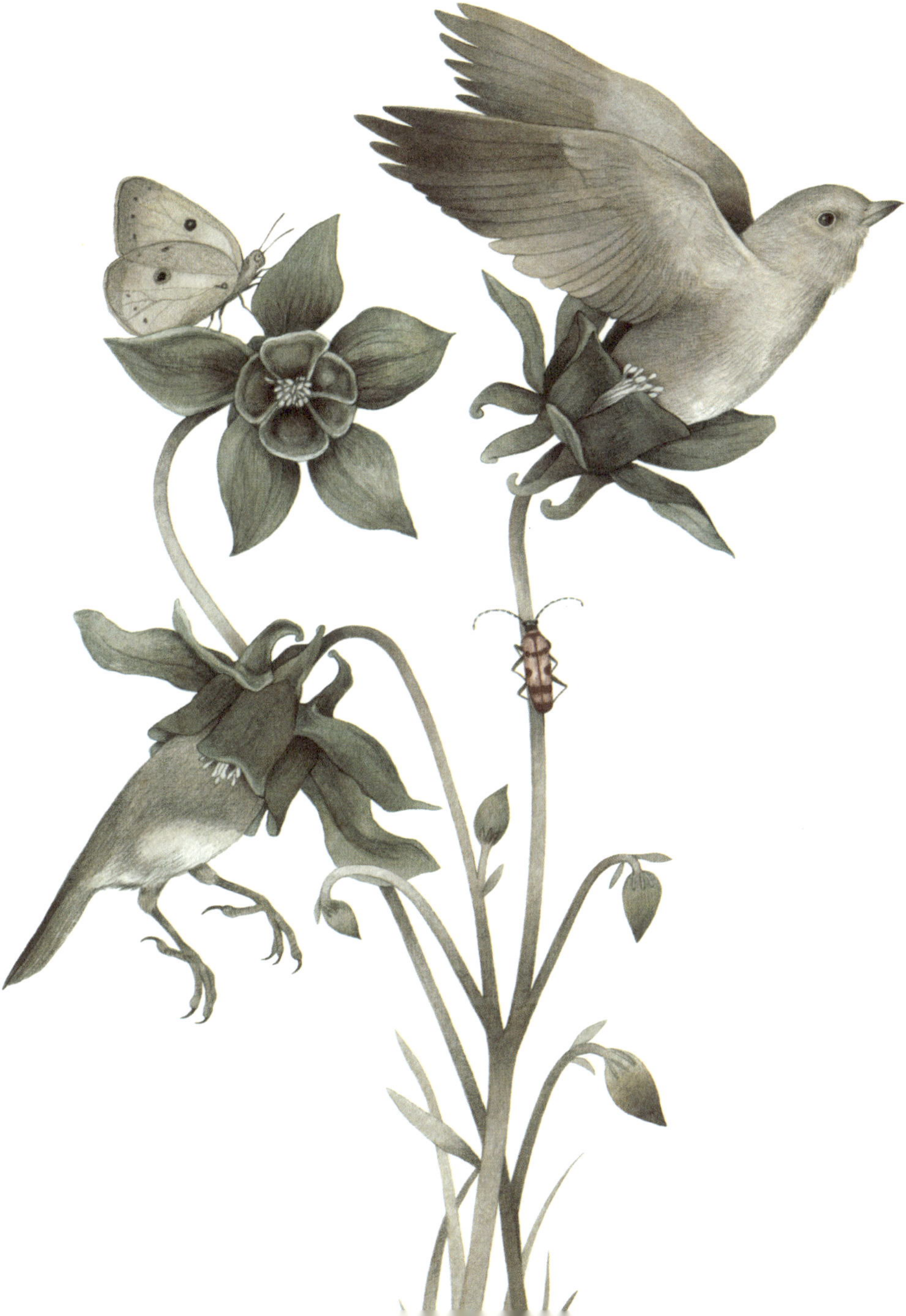

[LA VISITA DEL VIENTO]

Llamó a mi puerta el viento como un hombre cansado;
«adelante», le dije con desenvoltura,
como buena anfitriona; y, sin tocar el suelo
con los pies, con desenvoltura,

entró en mi casa el viento y yo no pude
invitarlo a sentarse en una silla
—algo tan imposible como hacer que el aire
se siente en un sofá—,

pues no tenía el viento huesos ni estructura.
Era su habla como un aluvión
de innumerables colibríes que salieran
en tromba de lo alto de un arbusto.

Era su cara como una inflación
de nubes, y sus dedos una música
de melodías trémulas, como las que se oyen
al soplar el bisel de un vaso de cristal.

Revoleando estuvo todo el tiempo,
y, como un hombre vergonzoso, fue después
de nuevo hasta la puerta, repicó y se marchó.
Y sola, como antes, me quedé.

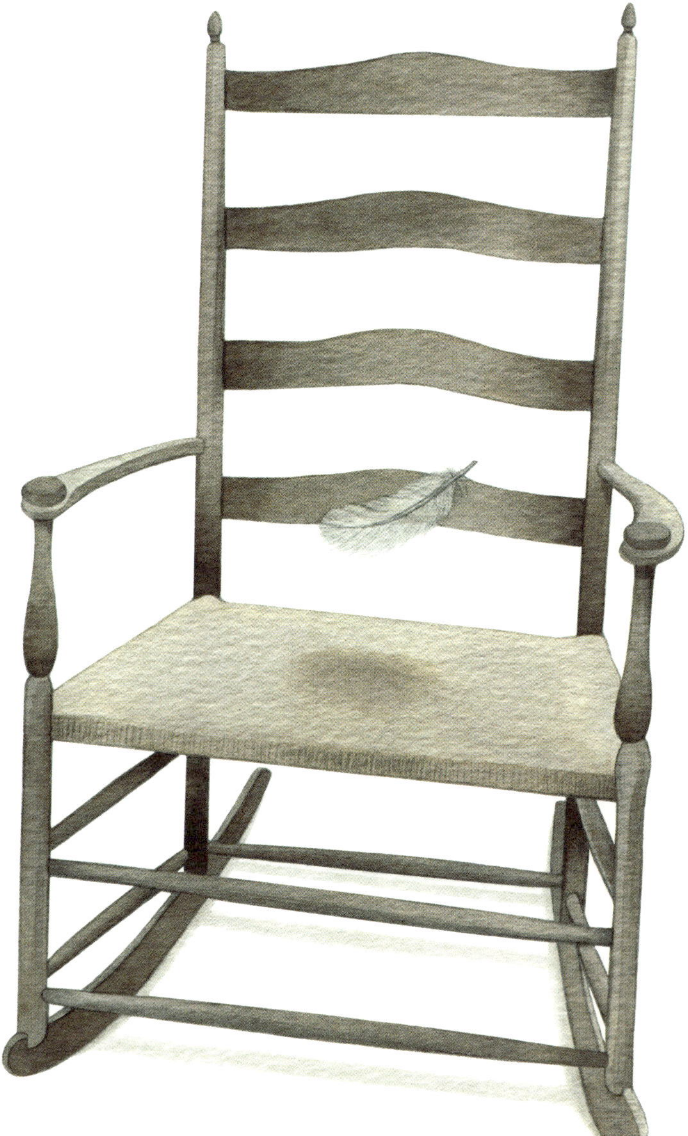

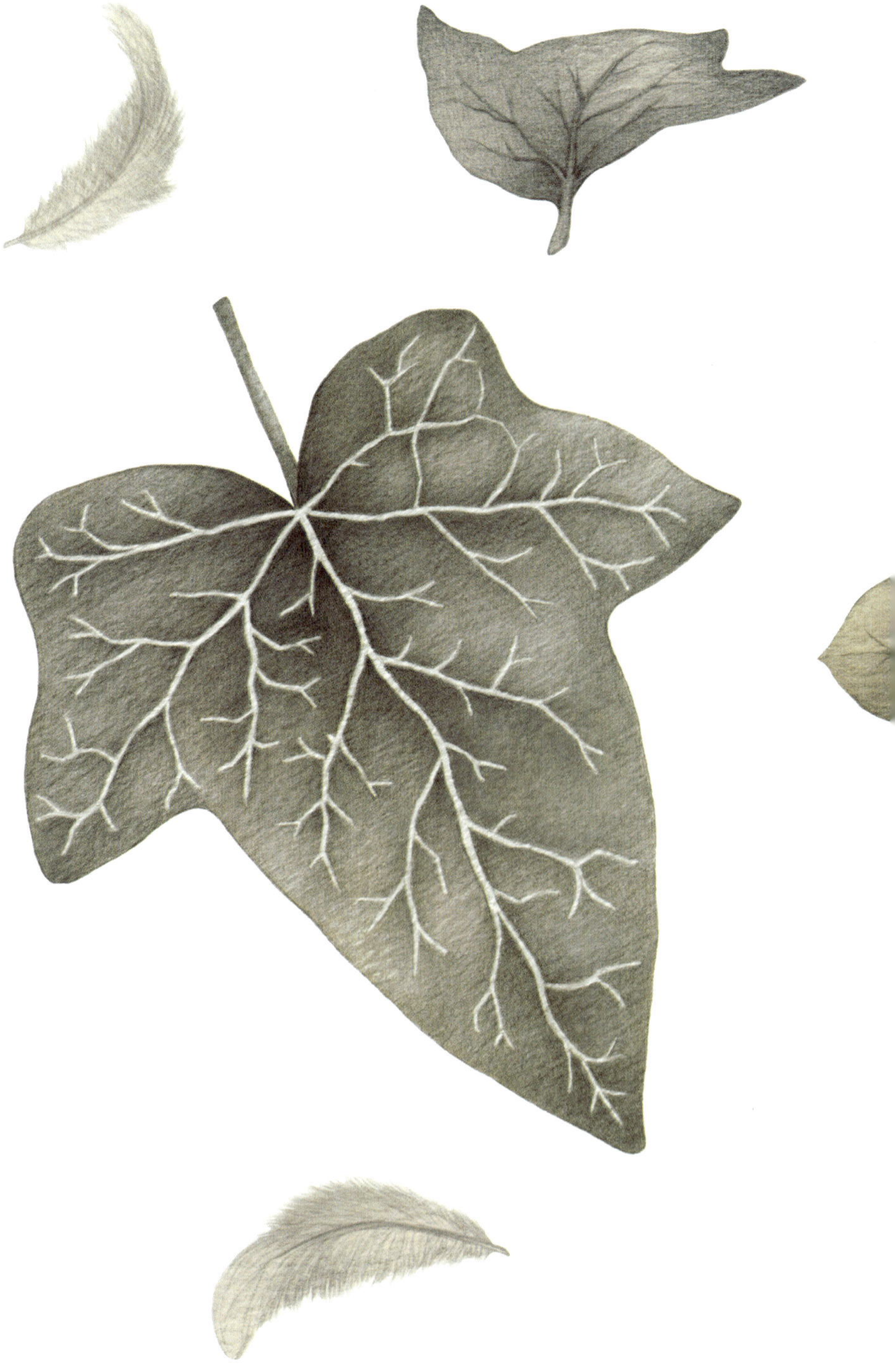

[UNA TORMENTA]

El viento comenzó a mecer la hierba
con tono grave y estremecedor, —
a esparcir por el cielo una amenaza,
por el cielo y la tierra.

Las hojas se soltaron de los árboles
y volaron sin rumbo, alrededor;
el polvo, con sus manos, formó una tolvanera
y al camino la echó.

Los carruajes pasaban con premura,
el trueno aceleró, con paso lento;
mostró su pico pálido el relámpago,
su garra macilenta.

Las reses regresaron al corral,
los pájaros sus nidos reforzaron;
después cayó una gota de lluvia gigantesca
y, como si las manos

que sujetan los diques los hubiesen subido,
las aguas reventaron en el cielo
y arrancaron un árbol, solo uno, sin tocar
la casa de mi padre.

[MI GRILLO]

Más aún que las aves, en verano,
se eleva, lastimera,
la misa recatada de un pequeño
país entre la hierba.

Sin ceremonia alguna,
solo una gracia que, de tan gradual,
deviene un rito taciturno,
una gran soledad.

Al mediodía, cuando agosto
arde con lentitud,
más antiguo parece este espectral
cántico, este símbolo del reposo

que redime como si aún la gracia
no existiera, ni arruga alguna en el fulgor,
y una druídica prestancia
a la naturaleza cubriese de esplendor.

No puede ser verano, — ya pasó;
y es pronto aún para la primavera;
antes de oír al mirlo hay que cruzar
una extensa ciudad, toda de blanco.

No puede ser la muerte —así, tan maquillada—,
los muertos van también de blanco.
Es la puesta de sol que, de súbito, sella
con broche de crisólito mis labios.

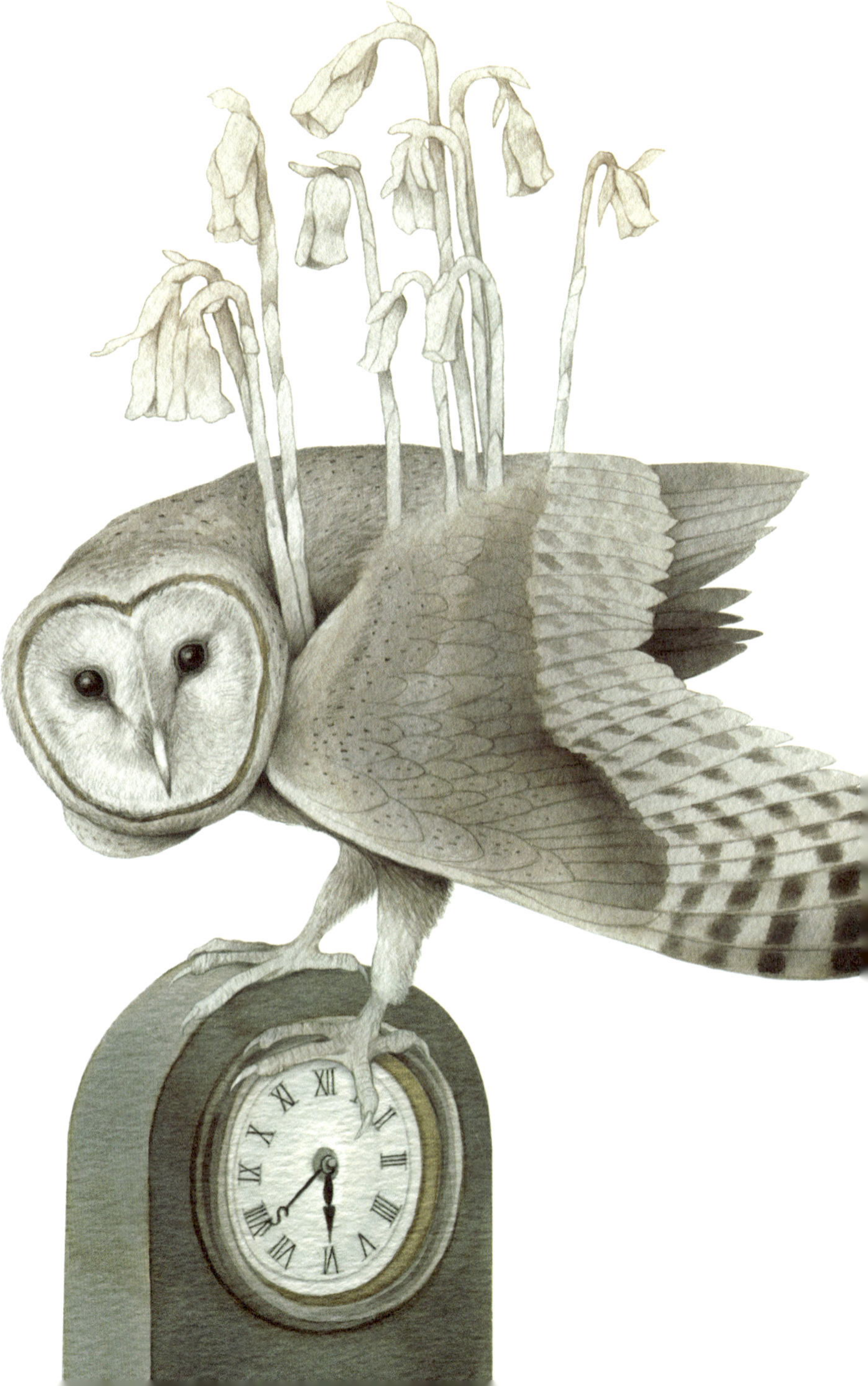

El único fantasma que de verdad he visto
vestía de encaje y no llevaba
sandalias en los pies — copos de nieve
eran sus pasos, mudo
su caminar, como el de un ave,
pero veloz, como el del corzo;
su ademán: peculiar, algo judío,
con un toque también como de muérdago.

No era lo que se dice muy locuaz;
su risa, como el soplo
de la brisa, se perdió entre los árboles
absortos. Breve fue
nuestro encuentro y retraído
se mostró él sin cesar.
Después de un día así, tan espantoso —
¡Oh, Dios me guarde de volverme y mirar atrás!

[IRSE]

Si una noche cualquiera una mujer
más bien menuda, de su silla
se escurriese en silencio,
¿alguien lo notaría?

¡En silencio absoluto, digo! —
Nadie lo notaría,
a no ser que un poquito
al caer se meciera.

Si no se despertase una mañana —
ante un sueño tan hondo
que ni el gallo al cantar
perturbarlo podría,

ni el trajín de la casa,
ni el mucho madrugar,
ni el pajarillo eufórico en el huerto, —
¿alguien suspiraría?

Hubo una vez una criatura
más bien menuda y regordeta;
volvía del colegio, por las lomas,
con su hilo y su aguja, muy cargada;

con nueces, compañeros, días de fiesta
y visiones minúsculas y vastas.
¡Qué extraño que unos pies que tanto sostuvieron
se puedan ir así, como si nada!

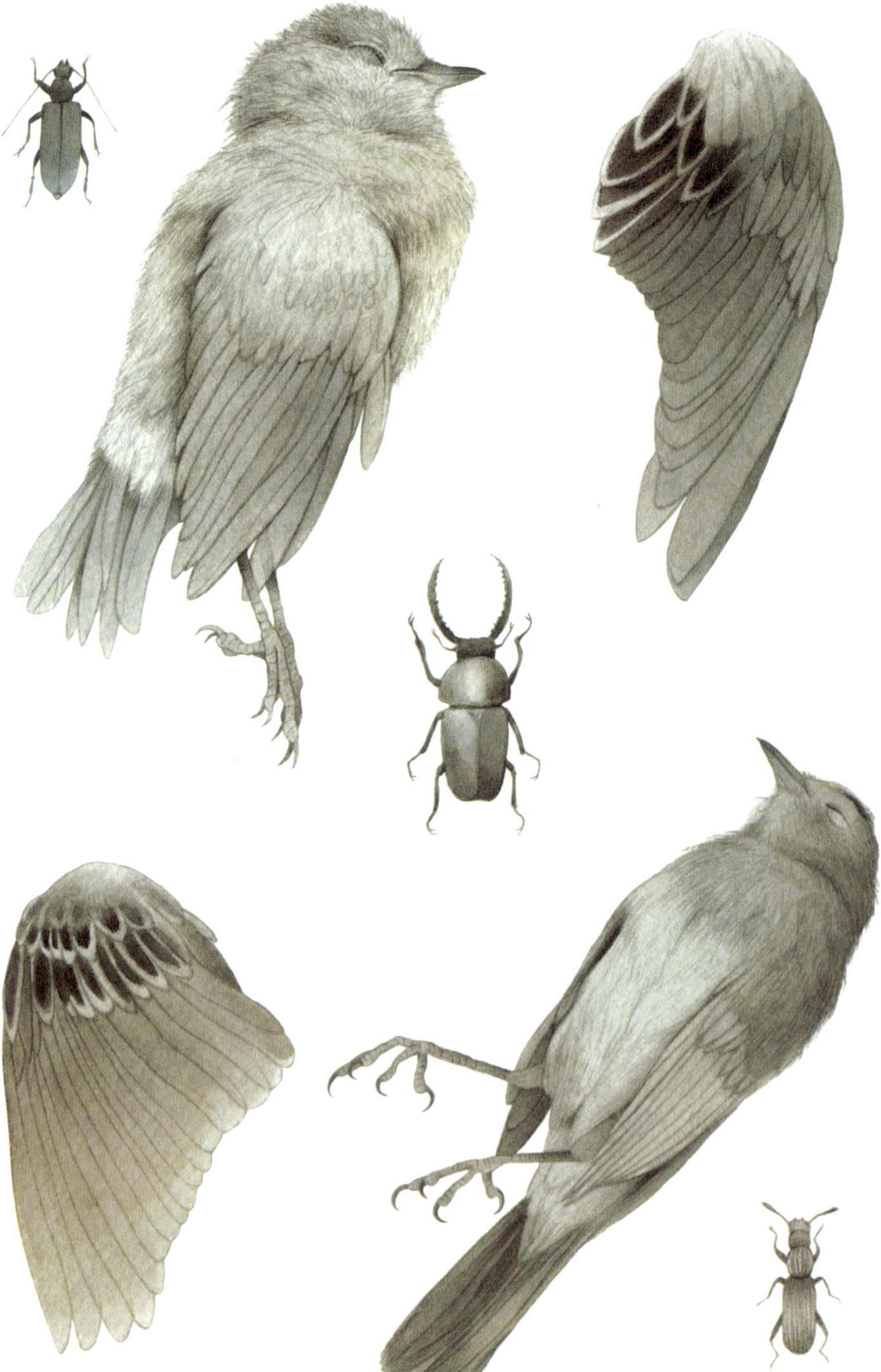

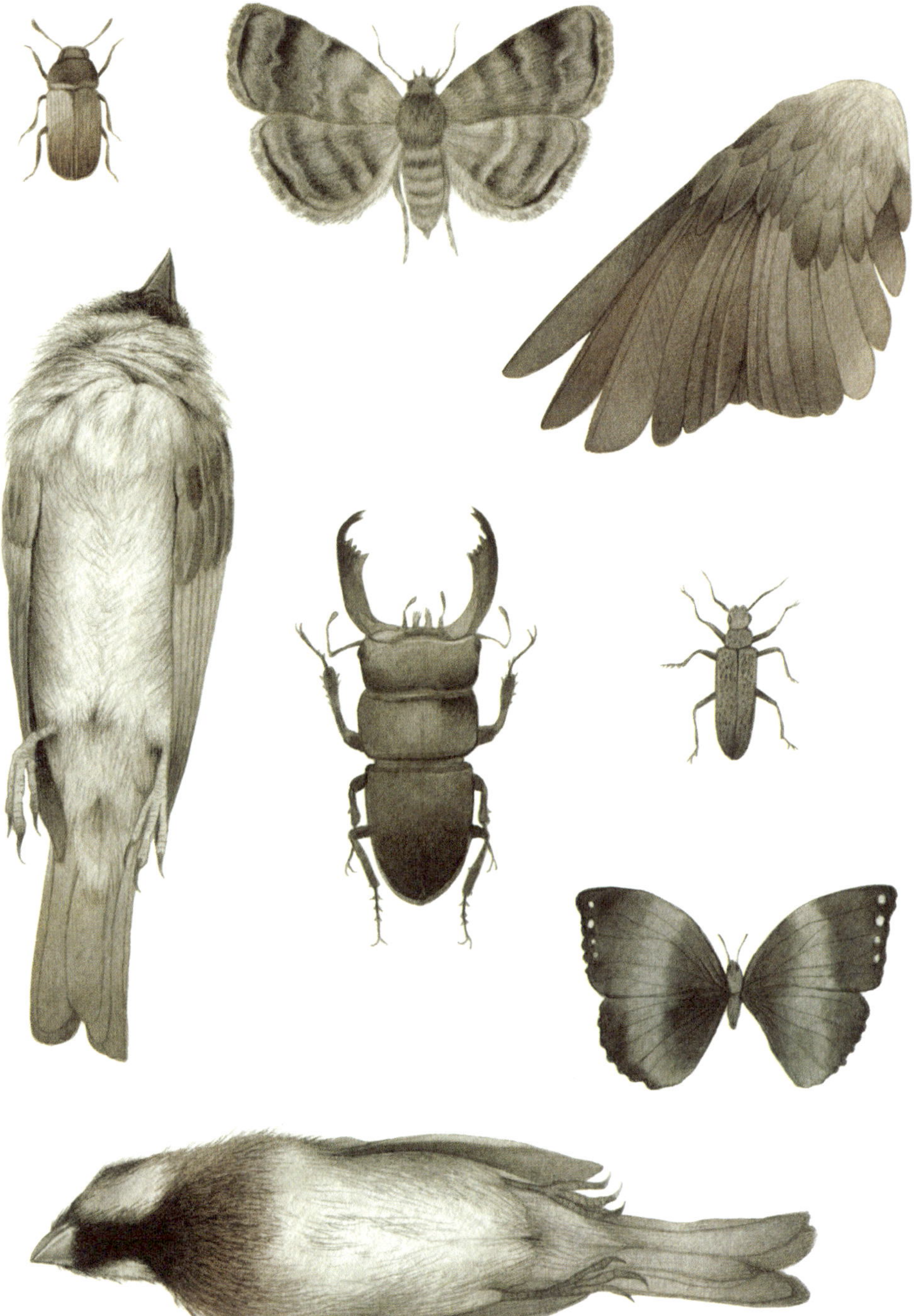

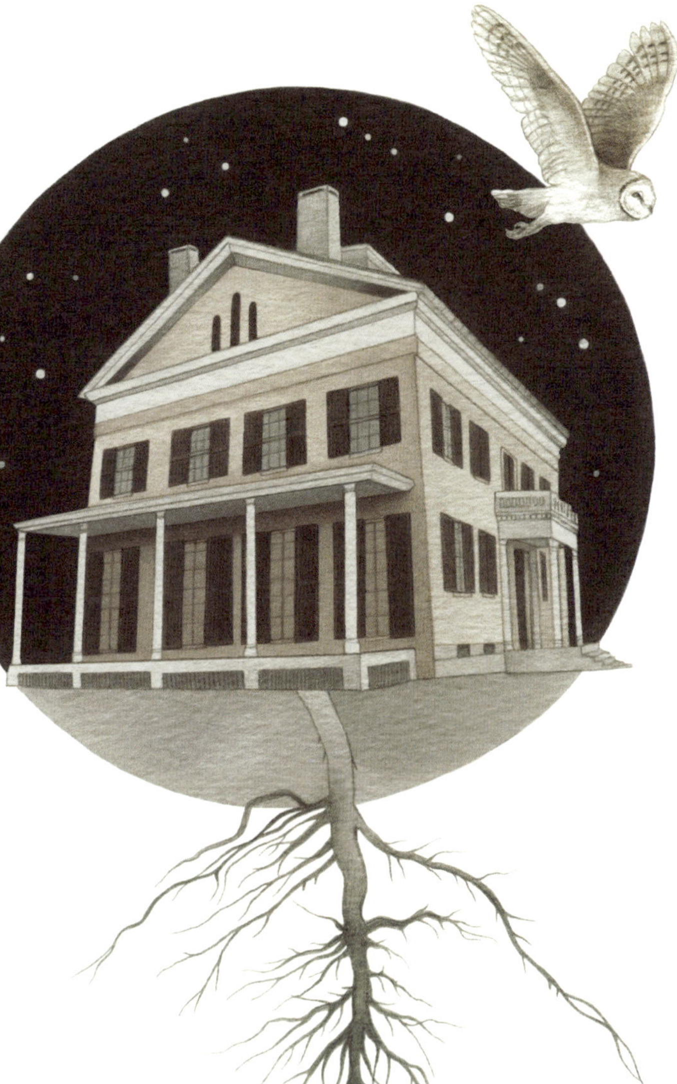

Hay en mí un rey que nunca habla;
sumida en el asombro, lidiando con las horas,
　remonto con trabajo la jornada, —
casi feliz cuando la noche llega y puedo
dormir al fin y ver quizá, gracias al sueño,
　los salones cerrados por el día.

Y si lo logro, el alba, cuando llega,
es como el redoblar de cien tambores
　alrededor de mi cabeza,
en la almohada, y campanadas de «victoria»
desde los campanarios de mi pecho,
　y un clamor jubiloso en mi cielo infantil.

Y si no hay suerte, al Pajarillo,
el que vive en el huerto, no lo oigo,
　y a propósito olvido mi oración,
esa que dice: «Padre, hágase tu voluntad»;
porque la mía va por otro lado,
　¡y orar así sería perjurar!

[FE]

Parte en dos a la alondra y hallarás la música,
  una capa tras otra, en plata envuelta,
aún no vertida en el amanecer de estío,
  salvada para ti, cuando el laúd envejezca.

Desata su caudal, verás muy claro,
  un borbotón tras otro, que era tuya,
que solo a ti te esperaba, ¡incrédulo Tomás!
  ¡Que era real tu pájaro! ¿Lo ves? ¿O aún lo dudas?

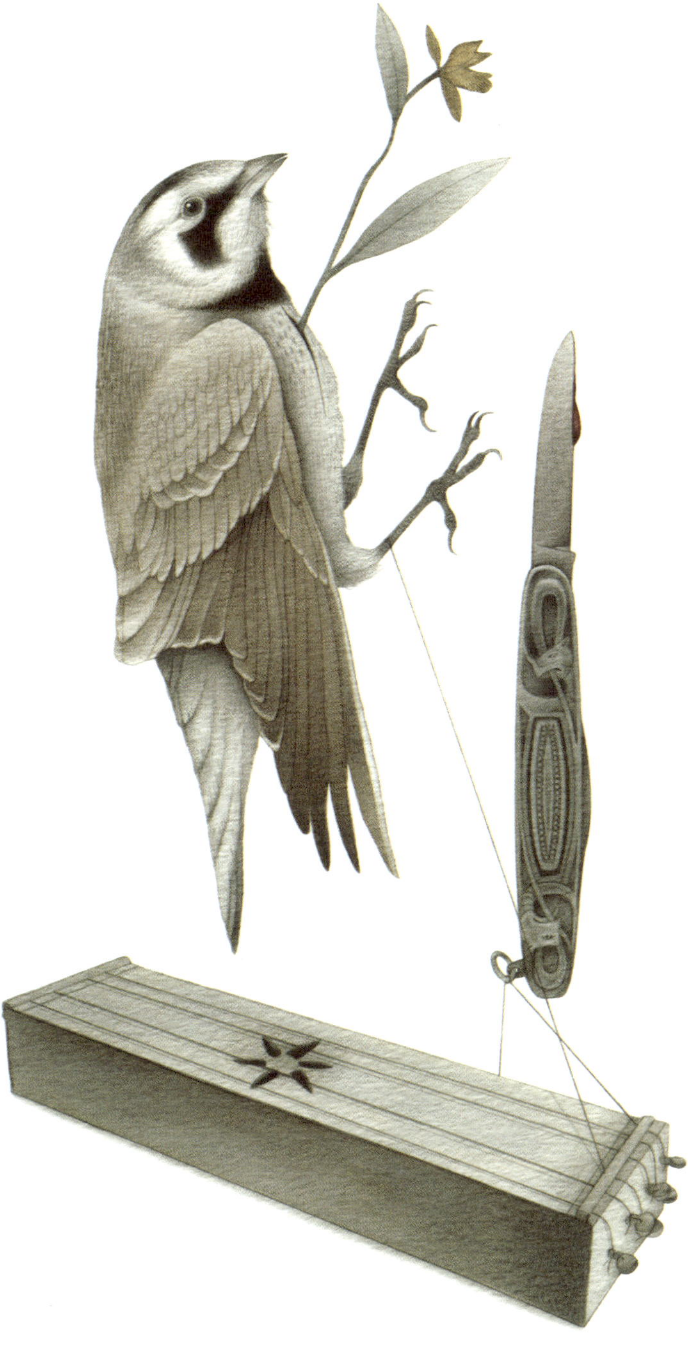

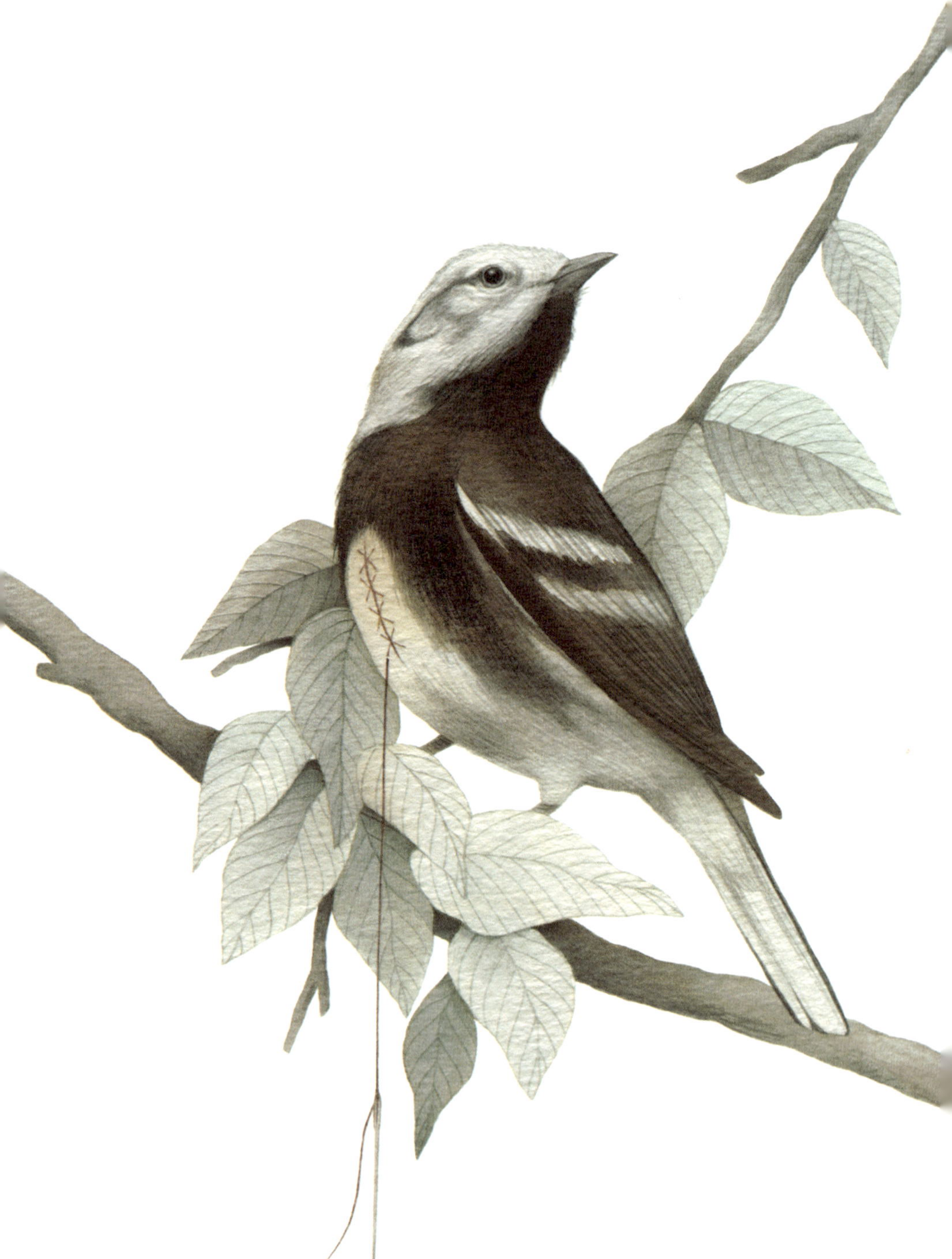

A palos no se rompe el corazón,
　ni con piedra tampoco;
un látigo pequeño he visto yo,
　tan pequeño que tú

no lo verías, darle a la criatura
　mágica y doblegarla.
Pero el látigo tiene un nombre excelso,
　tan noble que decirlo

no es posible: es como el pajarillo
　que un muchacho acechaba,
el que estuvo cantándole a la piedra
　que después lo mató.

[¿QUIÉN?]

Mi amigo un pájaro ha de ser,
 ¡porque vuela!
Mortal debe de ser mi amigo,
 ¡porque muere!
¡Un aguijón posee, como la abeja!
¡Extraño amigo mío! ¡Ay!
 ¡Cómo me desconciertas!

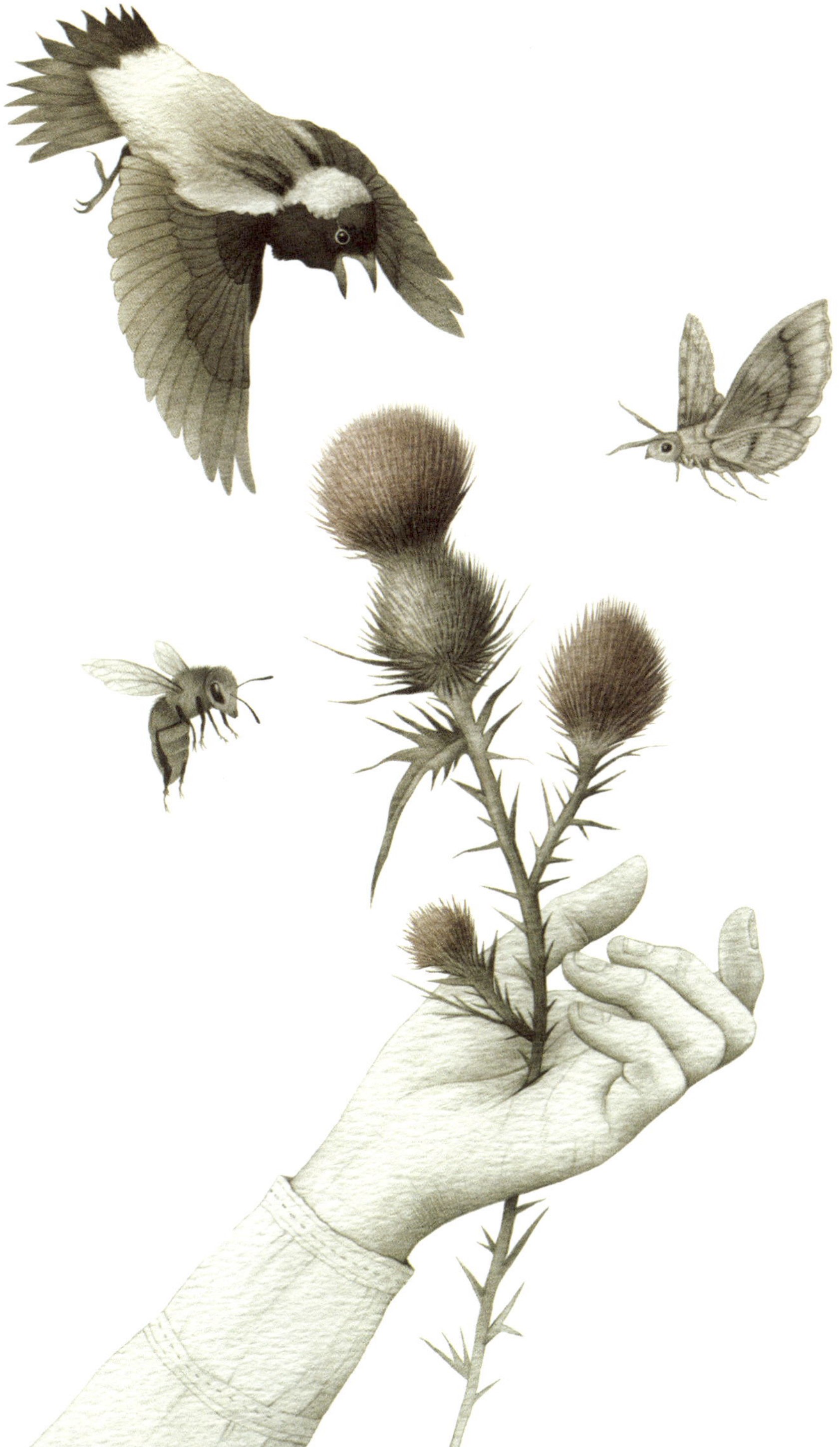

[EL DESPERTAR]

Una dama de rojo, en la colina,
  con su secreto a buen recaudo.
En un plácido lirio, en la pradera,
  ¡una dama de blanco!

Las diligentes brisas, con escobas,
  ¡barren el valle, la colina, el árbol!
¿No me diréis, amas de casa hermosas,
  quién viene, a quién estáis esperando?

¡Los vecinos aún nada sospechan!
  Los bosques, cómplices, sonríen —
El huerto, el pájaro, el botón de oro —
  ¡Qué poco falta para que se desvele todo!

Y, sin embargo, ¡qué quietud la del paisaje!
  ¡Qué indiferencia la del seto!
¡Como si la resurrección no fuese,
  al fin y al cabo, nada serio!

[A MARZO]

¡Querido marzo, pasa!
¡Qué alegría tan grande!
Esperándote estaba.
Deja ahí tu sombrero —
¿Viniste a pie? —
¡Reponte, toma aliento!
Querido marzo, ¿cómo estás?
¿Cómo están los demás?
Naturaleza, ¿cómo sigue? —
¡Oh, ven, ven arriba conmigo,
que tengo mucho que contarte!

Tu carta me llegó y la de los pájaros;
los arces no tenían ni la más
remota idea de tu venida —
¡qué rojos se pusieron, créeme!
En cuanto a esas colinas
que me dejaste para colorearlas…
Perdóname, marzo querido,
no quedaba más púrpura,
se fue todo contigo.

Oh, ¿quién llama? ¡Abril!
¡Cierra la puerta!
¡Qué inoportuno!
Se tira un año entero por ahí
y viene ahora que estás tú.
Pero ahora, contigo, estas cosillas
se antojan tan ridículas, tan nimias,
que el reproche es tan precioso como la alabanza
y no menos trivial la alabanza que el reproche.

[MARZO]

Nos gusta marzo, sus zapatos púrpuras,
   su juventud, su talle;
él seca el bosque,
   amasa el barro para el perro y el feriante.
La lengua de la víbora presiente su llegada
   y le hace sitio.
Y el sol es tan cercano y poderoso
   que nuestras mentes arden.
Es la primicia por antonomasia.
   Zarpar ahora a la muerte, ¡menuda intrepidez!
Con estos azulillos tan corsarios y sus razias
   sobre las olas de su cielo inglés.

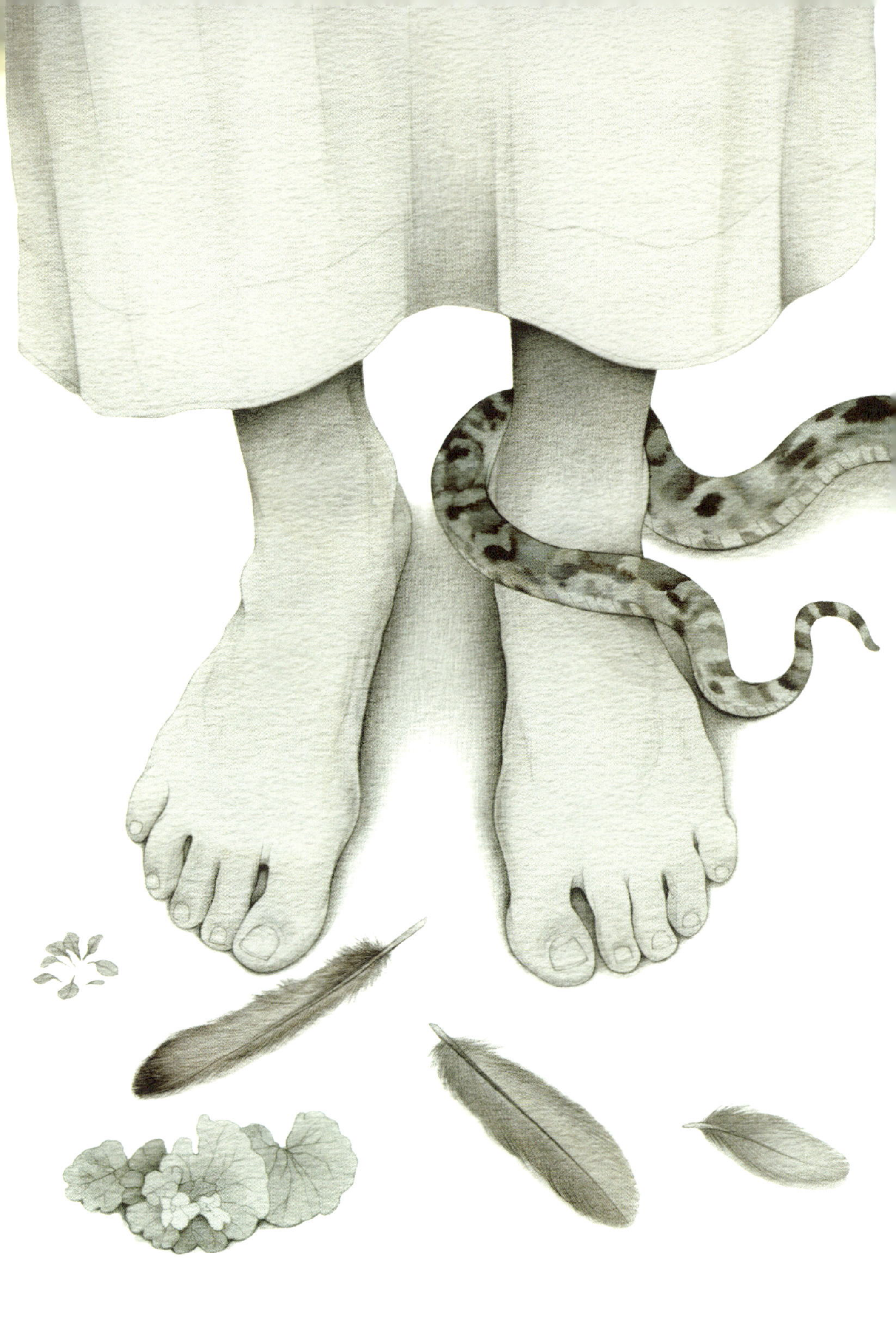

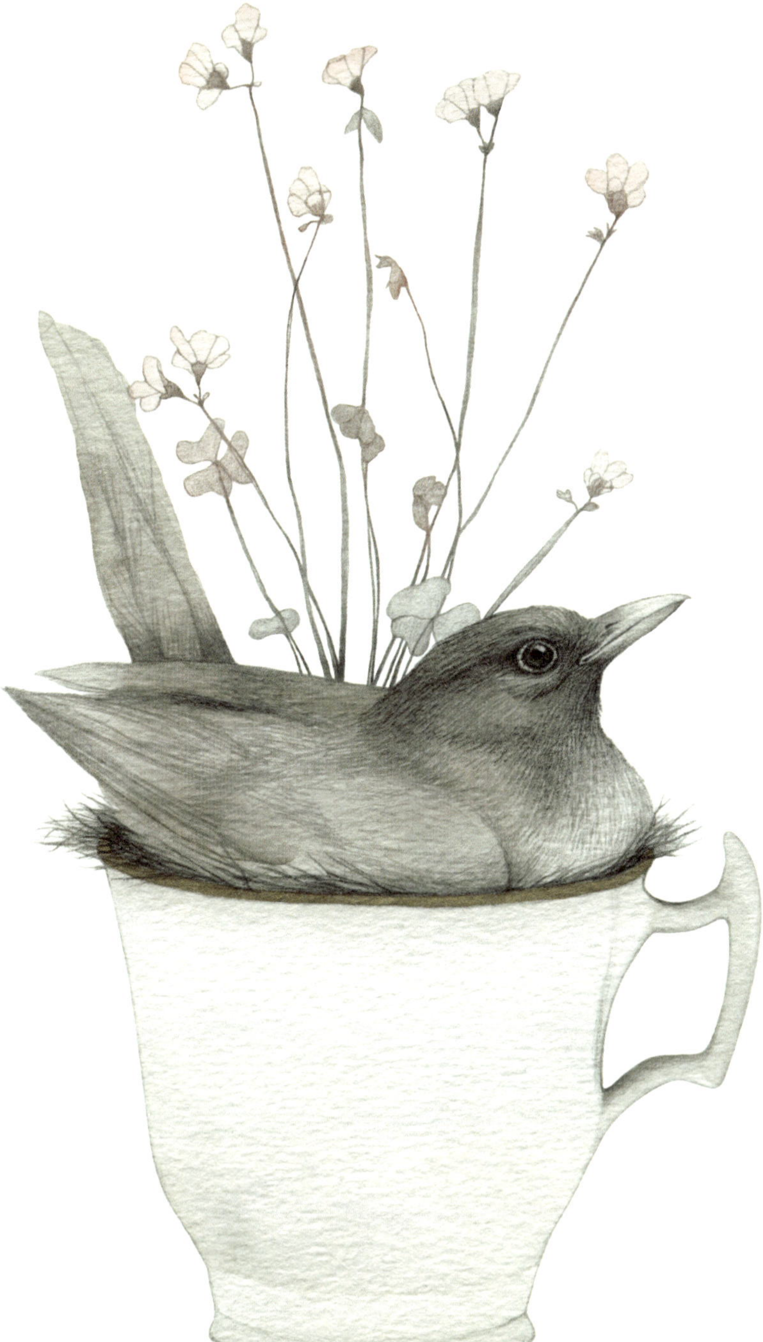

[EL ALBA]

Abro todas las puertas,
   pues no sé cuándo va a llegar el día;
ni sé si tiene plumas, como un pájaro,
   o tiene olas quizá, como una orilla.

Un ave oí allá en lo alto,
　los árboles hollaba
como si cualquier cosa,
　hasta que divisó una brisa
y, en un golpe de viento,
　fruto de un malestar
de la naturaleza,
　suavemente subió.
Ave bienhumorada,
　a juzgar por su forma
de hablar, entre bendita
　y burlona. Me di
cuenta también de que era un padre
　solícito y bueno, que no
parecía agobiado por su carga
　de pollos desvalidos,
y que su extraño frenesí,
　tan opuesto a nuestra noción de alivio,
su angustia mitigaba — Ah,
　las aves y nosotros, ¡qué distintos!

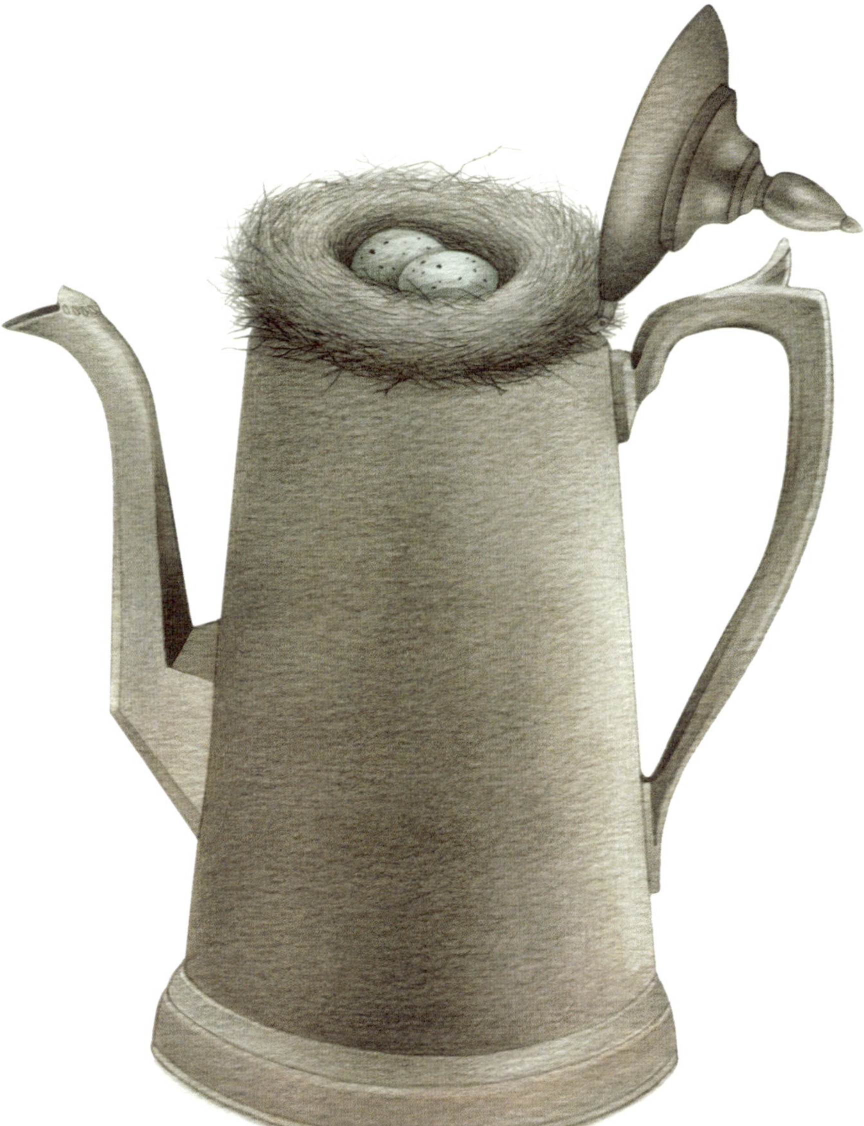

Donde las aves todas sin apuro van
  y juegan las abejas sin pudor,
debe el extraño, antes de llamar,
  despojarse del llanto y la aflicción.

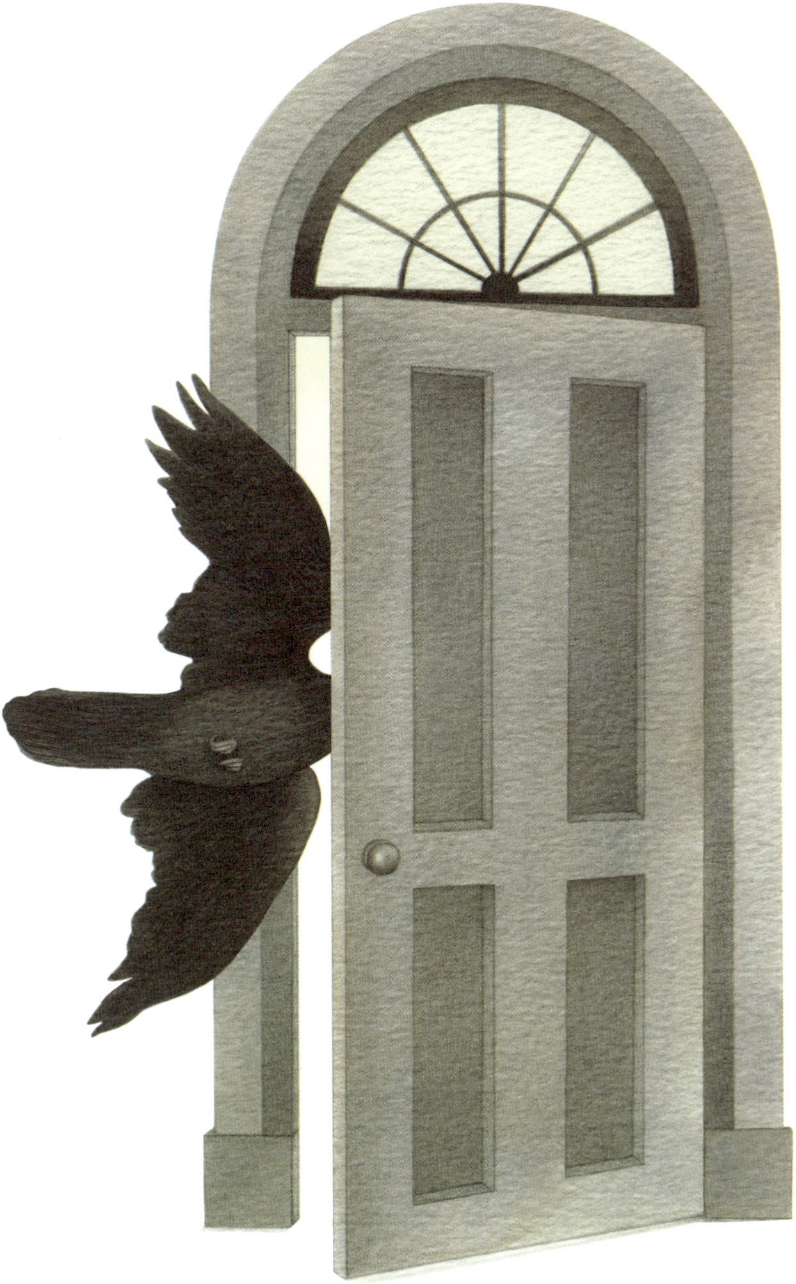

[LA MUERTA]

Hay en esta apartada habitación
   una quietud que excede la del sueño —
No nos dirá su nombre.
   Una ramita lleva sobre el pecho.

Algunos la acarician o la besan,
   otros frotan su mano inanimada.
Hay algo que no logro comprender,
   algo en su gravedad sencilla y llana.

Los vecinos, ingenuos, parlotean
   sobre «morirse demasiado pronto».
«Los pájaros se han ido», apostillamos
   quienes tendemos a los circunloquios.

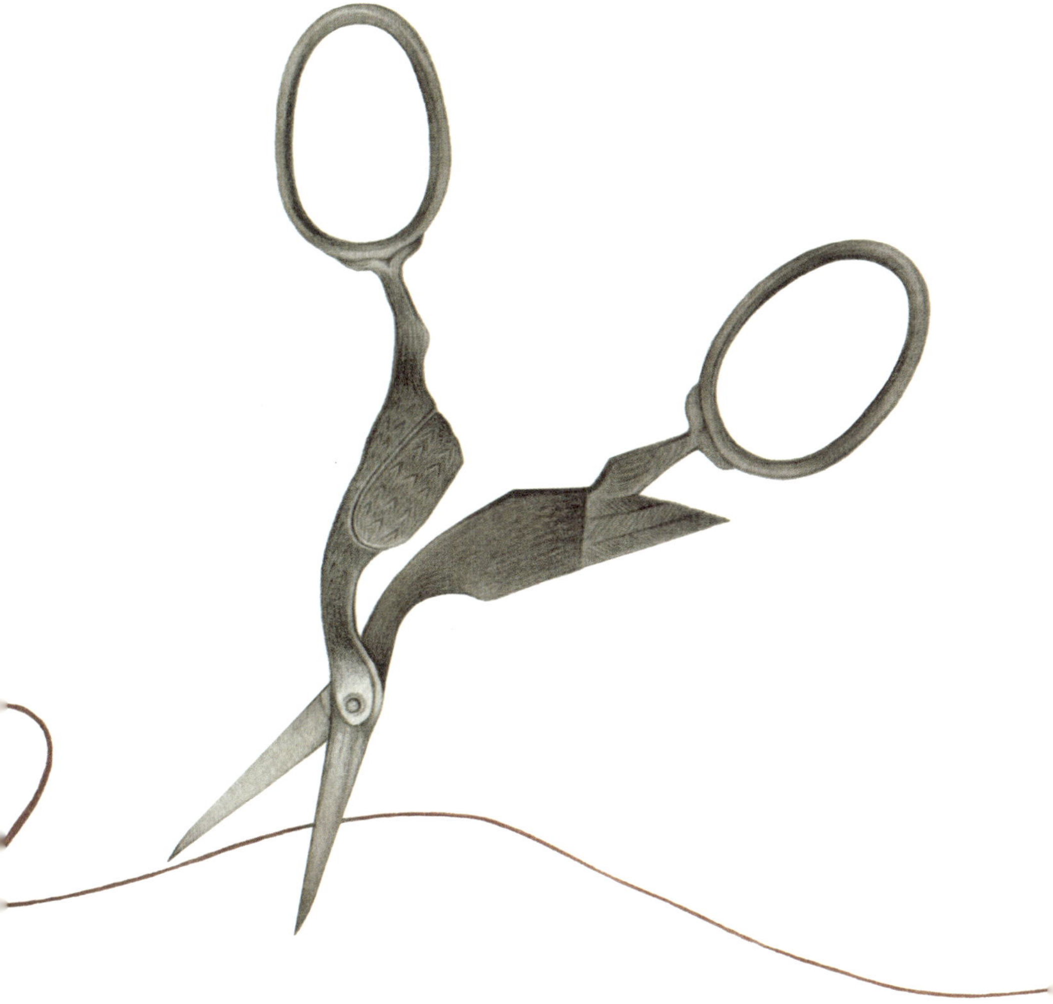

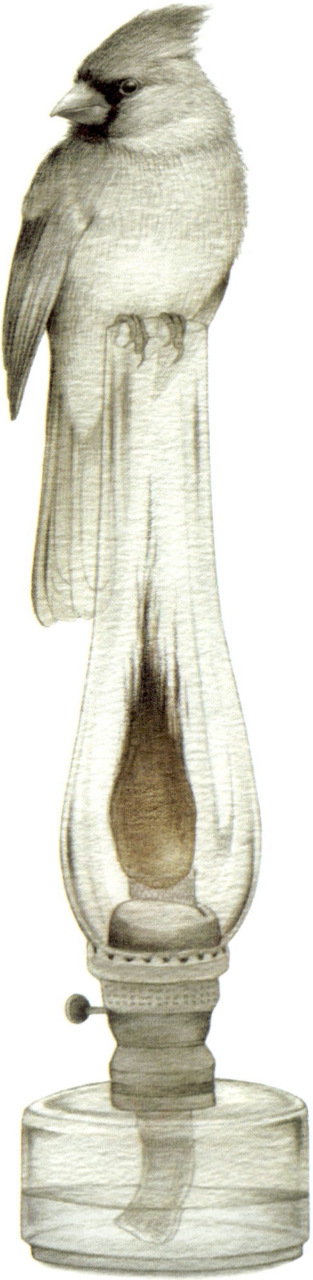

La sed enseña qué es el agua;
cruzar los mares, qué es la tierra;
   el éxtasis se aprende en la agonía;
la paz, en las historias de batallas;
el amor, en los epitafios.
   La nieve enseña qué es el pájaro.

LA TUMBA DE CHARLOTTE BRONTË

Toda cubierta de adorable musgo
   y salpicada de hierbajos,
yace en su estrecha tumba «Currer Bell»[1]
   en el tranquilo «Haworth».

Esta avecilla, viendo que las otras,
   al llegar los rigores invernales,
emigraban en busca de otros lares,
   se fue también sin hacer ruido.

Mas regresar — no han regresado todas;
   las colinas de Yorkshire ya están verdes,
y nadie ha visto aún en ningún nido
   a este querido ruiseñor perdido

que halló el reposo tras tanto vagar.
   ¡Qué angustia tan extrema, qué agonía
debió de atravesar hasta el asfódelo![2]
   Solo Getsemaní lo sabe.

---

[1] Pseudónimo de Charlotte Brontë. *(N. del T.)*.

[2] En la mitología clásica, el asfódelo se asocia con la inmortalidad y los Campos Elíseos. *(N. del T.)*.

Del Edén los sonidos deleitosos
  se derraman sobre su ser perplejo.
Cuando «Brontë» haya entrado en sus dominios —
  ¡Vaya tarde gloriosa allá en los cielos!

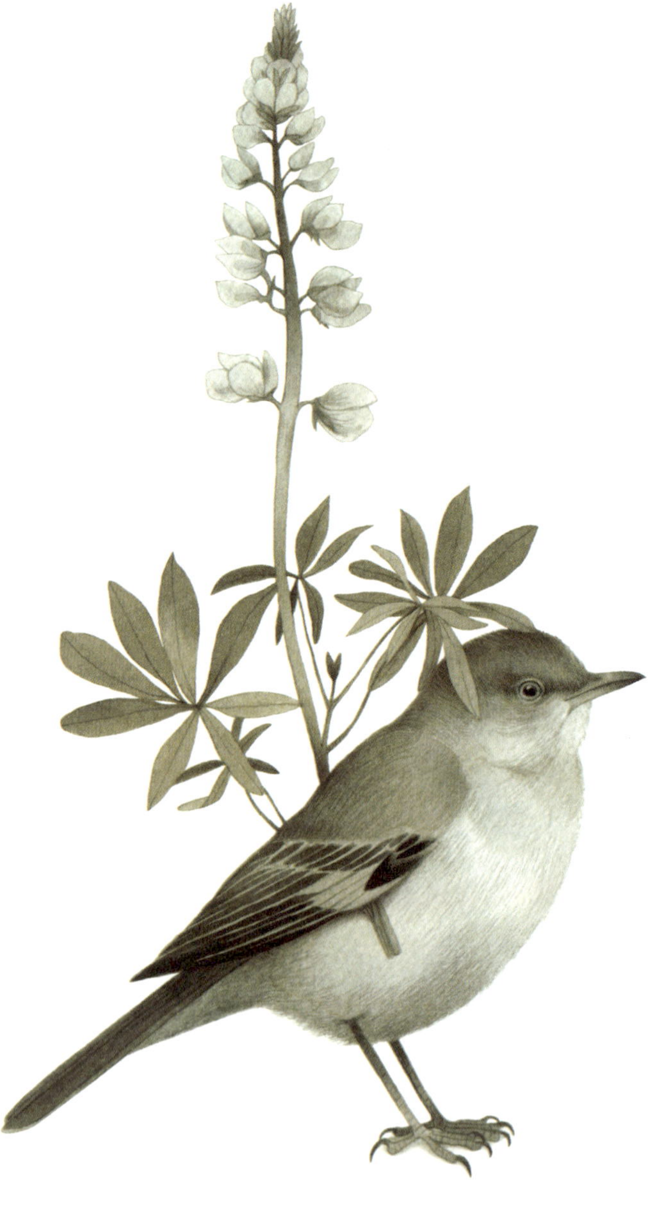

THE ORIOLE'S SECRET

[THE SECRET]

Some things that fly there be, —
Birds, hours, the bumble-bee:
Of these no elegy.

Some things that stay there be, —
Grief, hills, eternity:
Nor this behooveth me.

There are, that resting, rise.
Can I expound the skies?
How still the riddle lies!

Have you got a brook in your little heart,
Where bashful flowers blow,
And blushing birds go down to drink,
And shadows tremble so?

And nobody knows, so still it flows,
That any brook is there;
And yet your little draught of life
Is daily drunken there.

Then look out for the little brook in March,
When the rivers overflow,
And the snows come hurrying from the hills,
And the bridges often go.

And later, in August it may be,
When the meadows parching lie,
Beware, lest this little brook of life
Some burning noon go dry!

[TRANSPLANTED]

As if some little Arctic flower,
Upon the polar hem,
Went wandering down the Latitudes,
Until it puzzled came
To continents of summer,
To firmaments of sun,
To strange, bright crowds of flowers,
And birds, of foreign tongue!
I say, as if this little flower
To Eden, wandered in –
What then? Why nothing, only,
Your inference therefrom!

[SUMMER SHOWER]

A drop fell on the apple tree,
Another on the roof;
A half a dozen kissed the eaves,
And made the gables laugh.

A few went out to help the brook,
That went to help the sea.
Myself conjectured, were they pearls,
What necklaces could be!

The dust replaced, in hoisted roads,
The birds jocoser sung;
The sunshine threw his hat away,
The orchards spangles hung.

The breezes brought dejected lutes,
And bathed them in the glee;
The East put out a single flag,
And signed the fete away.

[PSALM OF THE DAY]

A something in a summer's day,
As slow her flambeaux burn away,
Which solemnizes me.

A something in a summer's noon,
An azure depth, a wordless tune,
Transcending ecstasy.

And still within a summer's night
A something so transporting bright,
I clap my hands to see;

Then veil my too inspecting face,
Lets such a subtle, shimmering grace
Flutter too far for me.

The wizard-fingers never rest,
The purple brook within the breast
Still chafes its narrow bed;

Still rears the East her amber flag,
Guides still the sun along the crag
His caravan of red,

Like flowers that heard the tale of dews,
But never deemed the dripping prize
Awaited their low brows;

Or bees, that thought the summer's name
Some rumor of delirium
No summer could for them;

Or Arctic creature, dimly stirred
By tropic hint, — some travelled bird
Imported to the wood;

Or wind's bright signal to the ear,
Making that homely and severe,
Contented, known, before

The heaven unexpected came,
To lives that thought their worshipping
A too presumptuous psalm.

[PURPLE CLOVER]

There is a flower that bees prefer,
And butterflies desire;
To gain the purple democrat
The humming-birds aspire.

And whatsoever Insect pass,
A honey bears away
Proportioned to his several dearth
And her capacity.

Her face be rounder than the moon,
And ruddier than the gown
Or orchis in the pasture,
Or rhododendron worn.

She doth not wait for June;
Before the world be green
Her sturdy little countenance
Against the wind is seen,

Contending with the grass,
Near kinsman to herself,
For privilege of sod and sun,
Sweet litigants for life.

And when the hills be full,
And newer fashions blow,
Doth not retract a single spice
For pang of jealousy.

Her public is the noon,
Her providence the sun,
Her progress by the bee proclaimed
In sovereign, swerveless tune.

The bravest of the host,
Surrendering the last,
Nor even of defeat aware
What cancelled by the frost.

[TWO WORLDS]

It makes no difference abroad,
The seasons fit the same,
The mornings blossom into noons,
And split their pods of flame.

Wild-flowers kindle in the woods,
The brooks brag all the day;
No blackbird bates his jargoning
For passing Calvary.

Auto da fe and Judgment
Are nothing to the bee;
His separation from his rose
To him seems misery.

[THE WIND]

Of all the sounds despatched abroad,
There's not a charge to me
Like that old measure in the boughs,
That phraseless melody

The wind does, working like a hand
Whose fingers brush the sky,
Then quiver down, with tufts of tune
Permitted gods and me.

When Winds go round and round in bands,
And thrum upon the door,
And birds take places overhead,
To bear them orchestra,

I crave him grace, of summer boughs,
If such an outcast be,
He never heard that fleshless chant
Rise solemn, in the tree,

As if some Caravan of sound
On deserts, in the sky
Had broken rank,
Then knit and passed

[INDIAN SUMMER]

These are the days when birds come back,
A very few, a bird or two,
To take a backward look.

These are the days when skies put on
The old, old sophistries of June, –
A blue and gold mistake.

Oh, fraud that cannot cheat the bee,
Almost thy plausibility
Induces my belief,

Till ranks of seeds their witness bear,
And softly through the altered air
Hurries a timid leaf!

Oh, sacrament of summer days,
Oh, last communion in the haze,
Permit a child to join,

Thy sacred emblems to partake,
Thy consecrated bread to break,
Taste thine immortal wine!

Safe in their alabaster chambers,
Untouched by morning and untouched by noon,
Sleep the meek members of the resurrection,
Rafter of satin, and roof of stone.

Light laughs the breeze in her castle of sunshine;
Babbles the bee in a stolid ear;
Pipe the sweet birds in ignorant cadence, -
Ah, what sagacity perished here!

Grand go the years in the crescent above them;
Worlds scoop their arcs, and firmaments row,
Diadems drop and Doges surrender,
Soundless as dots on a disk of snow.

On this long storm the rainbow rose,
On this late morn the sun;
The clouds, like listless elephants,
Horizons straggled down.

The birds rose smiling in their nests,
The gales indeed were done;
Alas!, how heedless were the eyes
On whom the summer shone!

The quiet nonchalance of death
No daybreak can bestir;
The slow archangel's syllables
Must awaken her!

A train went through a burial gate,
A bird broke forth and sang,
And trilled, and quivered, and shook his throat
Till all the churchyard rang;

And then adjusted his little notes,
And bowed and sang again.
Doubtless, he thought it meet of him
To say good-by to men.

[HOPE]

Hope is the thing with feathers
That perches in the soul,
And sings the tune without the words,
And never stops at all,

And sweetest in the gale is heard;
And sore must be the storm
That could abash the little bird
That kept so many warm.

I've heard it in the chillest land,
And on the strangest sea;
Yet, never, in extremity,
It asked a crumb of me.

[ENOUGH]

God gave a loaf to every bird,
but just a crumb to me;
I dare not eat it, though I starve, —
My poignant luxury
To own it, touch it, prove the feat
That made the pellet mine , —
Too happy in my sparrow's chance
For Ampler coveting.

It might be famine all around,
I could not miss an ear,
Such plenty smiles upon my board,
My garner shows so fair.
I wonder how the rich may feel, —
An Indiaman — An Earl?
I deem that I with but a crumb
Am sovereign of them all.

[SIGHT]

Before I got my eye put out,
I liked as well to see
As other creatures that have eyes,
And know no other way.

But were it told to me, to-day,
That I might have the sky
For mine, I tell you that my heart
Would split, for size of me.

The meadows mine, the mountains mine, –
All forests, stintless stars,
As much of noon as I could take
Between my finite eyes.

The motions of the dipping birds,
The lightning's jointed road,
For mine to look at when I liked, –
The news would strike me dead!

So safer, guess, with just my soul
Upon the window-pane
Where other creatures put their eyes,
Incautious of the sun.

[HUNGER]

I had been hungry, all the years;
My noon had come, to dine;
I, trembling, drew the table near,
And touched the curious wine.

'T was this on tables I had seen,
When turning, hungry, lone
I looked in windows, for the wealth
I could not hope to own.

I did not know the ample bread,
'T was so unlike the crumb
The birds and I had often shared
In Nature's dining-room.

The plenty hurt me, 'twas so new, —
Myself felt ill and odd,
As berry of a mountain bush
Transplanted to the road.

Nor was I hungry; so I found
That hunger was a way
Of persons outside windows,
The entering takes away.

[MOTHER NATURE]

Nature, the gentlest mother,
Impatient of no child,
The feeblest or the waywardest, –
Her admonition mild

In forest and the hill
By traveller is heard,
Restraining rampant squirrel
Or too impetuous bird.

How fair her conversation,
A summer afternoon, –
Her household, her assembly;
And when the sun goes down

Her Voice among the aisles
Incites the timid prayer
Of the minutest cricket,
The most unworthy flower.

When all the children sleep
She turns as long away
As will suffice to light her lamps;
Then, bending from the sky

With infinite affection
And infiniter care,
Her golden finger on her lip,
Wills silence everywhere.

[OUT OF THE MORNING]

Will there really be a morning?
Is there such a thing as day?
Could I see it from the mountains
If I were as tall as they?

Has it feet like water-lilies?
Has it feathers like a bird?
Is it brought from famous countries
Of which I have never heard?

Oh, some scholar! Oh, some sailor!
Oh, some wise men from the skies!
Please to tell a little pilgrim
Where the place called morning lies!

At half-past three a single bird
Unto a silent sky
Propounded but a single term
Of cautious melody.

At half-past four, experiment
Had subjugated test,
And lo! her silver principle
Supplanted all the rest.

At half-past seven, element
Nor implement was seen,
And place was where the presence was,
Circumference between.

[DAY'S PARLOR]

The day came slow, till five o'clock,
Then sprang before the hills
Like hindered rubies, or the light
A sudden musket spills.

The purple could not keep the east,
The sunrise shook from fold,
Like breadths of topaz, packed a night,
The lady just unrolled.

The happy winds their timbrels took;
The birds, in docile rows,
Arranged themselves around their prince
(The wind is prince of those).

The orchard sparkled like a Jew, —
How mighty 't was, to stay
A guest in this stupendous place,
The parlor of the day!

[THE BLUEBIRD]

Before you thought of spring,
Except as a surmise,
You see, God bless his suddenness,
A fellow in the skies
Of independent hues,
A little weather-worn,
Inspiriting habiliments
Of indigo and brown.

With specimens of song,
As if for you to choose,
Discretion in the interval,
With gay delays he goes
To some superior tree
Without a single leaf,
And shouts for joy to nobody
But his seraphic self!

[THE ORIOLE'S SECRET]

To hear an oriole sing
May be a common thing,
Or only a divine.

It is not of the bird
Who sings the same, unheard,
As unto crowd.

The fashion of the ear
Attireth that it hear
In dun, or fair.

So whether it be rune,
Or whether it be none
Is of within;

The 'tune is in the tree,'
The sceptic showeth me;
'No, sir! In thee!'

[THE ORIOLE]

One of the ones that Midas touched,
Who failed to touch us all,
Was that confiding prodigal,
The blissful oriole.

So drunk he disavows it
With badinage divine;
So dazzling, we mistake him
For an alighting mine.

A pleader, a dissembler,
An epicure, a thief, —
Betimes an oratorio,
An ecstasy in chief,

The Jesuit of Orchards,
He cheats as he enchants
Of an entire attar
For his decamping wants.

The splendor of a Burmah,
The meteor of birds,
Departing like a pageant
Of ballads and of bards.

I never thought that Jason sought
For any golden fleece;
But then I am a rural man,
With thoughts that make for peace.

But if there were a Jason,
Tradition suffer me
Behold his lost emolument
Upon the apple-tree.

[THE HUMMING-BIRD]

A route of evanescence
With a revolving wheel;
A resonance of emerald,
A Rush of cochineal;
And every blossom on the bush
Adjusts its tumbled head, —
The mail from Tunis, probably,
An easy morning's ride.

[SECRETS]

The skies can't keep their secret!
They tell it to the hills —
The hills just tell the orchards —
And they the daffodils!

A bird, by chance, that goes that way
Soft overhears the whole.
If I should bribe the little bird,
Who knows but she would tell?

I think I won't, however,
It's finer not to know;
If Summer were an axiom,
What sorcery had snow?

So keep your secret, Father!
I would not, if I could,
Know what the sapphire Fellows do,
In your new-fashioned world!

[TWO VOYAGERS]

Two butterflies went out at noon
And waltzed above a stream,
Then stepped straight through the firmament
And rested on a beam;

And then together bore away
Upon a shining sea, —
Though never yet, in any port,
Their coming mentioned be.

If spoken by the distant bird,
If met in either sea
By frigate or by merchantman,
Report was not to me.

[A TEMPEST]

An awful tempest mashed the air,
The clouds were gaunt, and few;
A black, as of a spectre's cloak,
Hid Heaven and Earth from view.

The creatures chuckled on the roofs
And whistled in the air,
And shook their fists and gnashed their teeth.
And swung their frenzied hair.

The morning lit, the Birds arose;
The monster's faded eyes
Turned slowly to his native coast,
And peace was Paradise!

[IN THE GARDEN]

A bird came down the walk:
He did not know I saw;
He bit an angle-worm in halves
And ate the fellow, raw.

And then he drank a dew
From a convenient grass,
And then hopped sidewise to the wall
To let a beetle pass.

He glanced with rapid eyes
That hurried all abroad, —
They looked like frightened beads, I thought;
He stirred his velvet head

Like one in danger; cautious,
I offered him a crumb,
And he unrolled his feathers,
And rowed him softer home

Than oars divide the ocean,
Too silver for a seam,
Or butterflies, off banks of noon,
Leap, splashless, as they swim.

[THE WIND'S VISIT]

The wind tapped like a tired man,
And like a host, 'Come in,'
I boldly answered; entered then
My residence within

A rapid, footless guest,
To offer whom a chair
Were as impossible as hand
A sofa to the air.

No bone had he to bind him,
His speech was like the push
Of numerous humming-birds at once
From a superior bush.

His countenance a billow,
His fingers, if he pass,
Let go a music, as of tunes
Blown tremulous in glass.

He visited, still flitting;
Then, like a timid man,
Again he tapped —'t was flurriedly—
And I became alone.

[A THUNDER-STORM]

The wind begun to rock the grass
With threatening tunes and low, —
He flung a menace at the earth,
A menace at the sky.

The leaves unhooked themselves from trees
And started all abroad;
The dust did scoop itself like hands
And throw away the road.

The wagons quickened on the streets,
The thunder hurried slow;
The lightning showed a yellow beak,
And then a livid claw.

The birds put up the bars to nests,
The cattle fled to barns;
There came one drop of giant rain
And then, as if the hands

That held the dams had parted hold,
The waters wrecked the sky,
But overlooked my father's house,
Just quartering a tree.

[MY CRICKET]

Farther in summer than the birds,
Pathetic from the grass,
A minor nation celebrates
Its unobtrusive mass.

No ordinance is seen,
So gradual the grace,
A pensive custom it becomes,
Enlarging loneliness.

Antiquest felt at noon
When August, burning low,
Calls forth this spectral canticle,
Repose to typify.

Remit as yet no grace,
No furrow on the glow,
Yet a druidic difference
Enhances nature now.

It can't be summer, — that got through;
It's early yet for spring;
There's that long town of White to cross
Before the blackbirds sing.

It can't be dying, — It's too rouge, —
The dead shall go in white.
So sunset shuts my question down
With clasps of chrysolite.

The only ghost I ever saw
Was dressed in mechlin, —so;
He wore no sandal on his foot,
And stepped like flakes of snow.
His gait was soundless, like the bird,
But rapid, like the roe;
His fashions quaint, mosaic,
Or, haply, mistletoe.

His conversation seldom,
His laughter like the breeze
That dies away in dimples
Among the pensive trees.
Our interview was transient, —
Of me, himself was shy;
And God forbid I look behind
Since that appalling day!

[GOING}

On such a night, or such a night,
Would anybody care
If such a little figure
Slipped quiet from its chair,

So quiet, oh, how quiet!
That nobody might know
But that the little figure
Rocked softer, to and fro?

On such a dawn, or such a dawn,
Would anybody sigh
That such a little figure
Too sound asleep did lie

For chanticleer to wake it, —
Or stirring house below,
Or giddy bird in orchard,
Or early task to do?

There was a little figure plump
For every little knoll,
Busy needles, and spools of thread,
And trudging feet from school.

Playmates, and holidays, and nuts,
And visions vast and small.
Strange that the feet so precious charged
Should reach so small a goal!

I have a king, who does not speak;
So, wondering, thro' the hours meek
  I trudge the day away, —
Half glad when it is night, and sleep,
If, haply, thro' a dream, to peep
  In parlors shut by day.

And if I do, when morning comes,
It is as if a hundred drums
   Did round my pillow roll,
And shouts fill all my childish sky,
And bells keep saying 'Victory'
   From steeples in my soul!

And if I don't, the little Bird
Within the Orchard, is not heard,
   And I omit to pray,
'Father, thy will be done' to-day,
For my will goes the other way,
   And it were perjury!

[LOYALTY]

Split the lark and you'll find the music,
   Bulb after bulb, in silver rolled,
Scantily dealt to the summer morning,
   Saved for your ear when lutes be old.

Loose the food, you shall find it patent,
   Gush after gush, reserved for you;
Scarlet experiment! sceptic Thomas,
   Now, do you doubt that your bird was true?

Not with a club the heart is broken,
  Nor with a stone;
A whip, so small you could not see it,
  I've known

To lash the magic creature
  Till it fell,
Yet that whip's name too noble
  Then to tell.

Magnanimous of bird
  By boy descried,
To sing unto the stone
  Of which it died.

[WHO?]

My friend must be a bird,
  Because it flies!
Mortal my friend must be,
  Because it dies!
Barbs has it, like a bee.
Ah, curious friend,
  Thou puzzlest me!

[THE WAKING YEAR]

A lady red upon the hill
  Her annual secret keeps;
A lady white within the field
  In placid lily sleeps!

The tidy breezes with their brooms
  Sweep vale, and hill, and tree!
Prithee, my pretty housewives!
  Who may expected be?

The neighbors do not yet suspect!
  The woods exchange a smile —
Orchard, and buttercup, and bird —
  In such a little while!

And yet how still the landscape stands,
  How nonchalant the wood,
As if the resurrection
  Were nothing very odd!

[TO MARCH]

Dear March, come in!
How glad I am!
I looked for you before.
Put down your hat —
You must have walked —
How out of breath you are!
Dear March, how are you?
And the rest?
Did you leave Nature well?
Oh, March, come right upstairs with me,
I have so much to tell!

I got your letter, and the birds';
The maples never knew
That you were coming — I declare,
How red their faces grew!
But, March, forgive me —
And all those hills
You left for me to hue;
There was no purple suitable,
You took it all with you.

Who knocks? That April!
Lock the door!
I will not be pursued!
He stayed away a year, to call
When I am occupied.
But trifles look so trivial
As soon as you have come,
That blame is just as dear as praise
And praise as mere as blame.

[MARCH]

We like March, his shoes are purple,
  He is new and high;
Makes he mud for dog and peddler,
  Makes he forest dry;
Knows the adder's tongue his coming,
  And begets her spot.
Stands the sun so close and mighty
  That our minds are hot.
News is he of all the others;
  Bold it were to die
With the blue-birds buccaneering
  On his British sky.

[DAWN]
Not knowing when the dawn will come
  I open every door;
Or has it feathers, like a bird,
  Or billows like a shore?

High from the earth I heard a bird;
   He trod upon the trees
As he esteemed them trifles,
   And then he spied a breeze,
And situated softly
   Upon a pile of wind
Which in a perturbation
   Nature had left behind.
A joyous-going fellow
   I gathered from his talk,
Which both of benediction
   And badinage partook,
Without apparent burden,
   I learned, in leafy wood
He was the faithful father
   Of a dependent brood;
And this untoward transport
   His remedy for care, —
A contrast to our respites.
   How different we are!

Where every bird is bold to go,
   And bees abashless play,
The foreigner before he knocks
   Must thrust the tears away.

[DEAD]

*There's something quieter than sleep
  Within this inner room!
It wears a sprig upon its breast,
  And will not tell its name.*

*Some touch it and some kiss it,
  Some chafe its idle hand;
It has a simple gravity
  I do not understand!*

*While simple-hearted neighbors
  Chat of the 'Early dead',
We, prone to periphrasis,
  Remark that Birds have fled!*

*Water is taught by thirst;
Land, by the oceans passed;
  Transport, by throe;
Peace, by its battles told;
Love, by Memorial Mould;
  Birds, by the snow.*

CHARLOTTE BRONTË'S GRAVE

All overgrown by cunning moss,
　All interspersed with weed,
The little cage of 'Currer Bell,'
　In quiet Haworth laid.

This Bird, observing others,
　When frosts too sharp became,
Retire to other latitudes,
　Quietly did the same,

But differed in returning,
　Since Yorkshire hills are green,
Yet not in all the nests I meet
　Can Nightingale be seen.

Gathered from many wanderings,
　Gethsemane can tell
Through what transporting anguish
　She reached the asphodel!

Soft falls the sounds of Eden
　Upon her puzzled ear;
Oh, what an afternoon for heaven,
　When 'Brontë' entered there!

ÍNDICE

[EL SECRETO] 13
[¿Hay en tu pecho un arroyo…?] 14
[TRASPLANTADA] 18
[CHAPARRÓN ESTIVAL] 21
[SALMO DEL DÍA] 22
[TRÉBOL MORADO] 25
[DOS MUNDOS] 28
[EL VIENTO] 29
[VERANILLO DE SAN MARTÍN] 30
[A salvo en sus estancias de alabastro…] 33
[Tras la larga tormenta, el arcoíris…] 34
[Un séquito cruzaba el cementerio…] 37
[LA ESPERANZA] 38
[SUFICIENTE] 41
[VISTA] 43
[HAMBRE] 47
[NATURALEZA] 48
[SIN AMANECER] 50
[Las tres y media: un pájaro…] 52
[EL GRAN SALÓN DEL DÍA] 54
[EL AZULILLO] 55
[EL SECRETO DE LA OROPÉNDOLA] 57
[LA OROPÉNDOLA] 58
[EL COLIBRÍ] 61
[SECRETOS] 63

[DOS TROTAMUNDOS] 64
[TEMPESTAD] 66
[EN EL JARDÍN] 68
[LA VISITA DEL VIENTO] 70
[UNA TORMENTA] 73
[MI GRILLO] 74
[No puede ser verano, — ya pasó…] 75
[El único fantasma que de verdad he visto…] 77
[IRSE] 78
[Hay en mí un rey que nunca habla…] 83
[FE] 84
[A palos no se rompe el corazón…] 87
[¿QUIÉN?] 88
[EL DESPERTAR] 90
[A MARZO] 91
[MARZO] 92
[EL ALBA] 95
[Un ave oí allá en lo alto…] 96
[Donde las aves todas sin apuro van…] 98
[LA MUERTA] 100
[La sed enseña qué es el agua…] 103
LA TUMBA DE CHARLOTTE BRONTË 104

THE ORIOLE'S SECRET 107

Esta edición de *El secreto de la oropéndola*,
compuesta en tipos Adobe Arno Pro 12/15 sobre papel
offset Natural de Torras de 120 g, se acabó de imprimir en Madrid
el día 1 de julio de 2024, aniversario del nacimiento de George Sand

Otros títulos de poesía ilustrada

Los hechizos perdidos
Robert Macfarlane / Jackie Morris

Canción negra
Wisława Szymborska / Kike de la Rubia

Transformaciones
Anne Sexton / Sandra Rilova

Coplas por la muerte de su padre
Jorge Manrique / Antonio Santos

Yo voy soñando caminos
Antonio Machado / Leticia Ruifernández

Ariel
Sylvia Plath / Sara Morante